KB267758

아름
다운

분노

아름다운 분노

분노로 세상을 바꾼 여성 10인의 열정과 사랑

초판 1쇄 펴낸날 | 2010년 4월 12일

지은이 | 야사카 유코
옮긴이 | 김활란
펴낸이 | 장시원
펴낸곳 | (사)한국방송통신대학교출판부
　　　　110-500 서울시 종로구 이화동 57번지
　　　　전화 02-742-0954
　　　　팩스 02-742-0956
　　　　출판등록 1982년 6월 7일 제1-491호
　　　　홈페이지 press.knou.ac.kr

기획 | 박혜원
편집 · 디자인 | 파피루스
인쇄 | 삼화인쇄

ISBN 978-89-20-00285-4 03990
값 11,000원

※ 잘못 만들어진 책은 바꾸어 드립니다.

아름다운 분노

분노로 세상을 바꾼 여성 10인의 열정과 사랑

야사카 유코 지음
김활란 옮김

지식의날개

여자는 '분노'로 성장한다. 오랜 옛날부터 그러했다. 어쩌면 속성이라고 해도 좋을 것이다.

이 책에 등장하는 20세기를 이끈 주인공들 역시 분노로 성장한 여성들이다. 그녀들은 자신의 내면에서 차오르는 분노를 억누르지 않고, 오히려 그 분노의 힘을 발판 삼아 자신의 운명을 개척했다.

만약 인간의 감정에 분노가 없었다면 인류는 이미 오래전에 멸망했을 것이다. 분노는 인간이 가진 희로애락의 감정 중에서 가장 행동성이 강하고 힘이 넘친다. 분노는 개인의 내적 자원, 즉 무궁무진한 에너지라고 할 수 있다.

"화내면 안 돼", "좀 둥글둥글해져야지", "이젠 어른이잖아?"

이런 얘기들로 자신의 분노를 억누르는 건 잘못된 방법이다. 당신은 왜 분노하는가? 인간이 분노하는 이유는 단지 정신적으로 강하거나 약해서가 아니다. 그것은 당신의 감수성과 밀접한 관계가 있다.

분노는 개성의 반응이다. 남자들은 역사책이나 동서양의 주인공들을 통해 분노를 배우는데, 그들의 분노에 공감하고 자극을 받으며 느낌을 공유한다. 여자들 또한 그렇게 해야 성장할 수 있다. 20세기를 이끈 주인공들의 운명을 좌우한 수많은 분노, 그 분노에는 당신이 가진 분노와 공통점이 있을 것이다.

인간이 분노를 억누르고 참는 것을 통해 성장할 수 있다는 건 착각이다. 분노를 버리면 행운을 잡을 수 있다는 것 또한 거짓말이다. 산다는 건 분노를 어떻게 표현하느냐에 달려 있다. 분노를 참게 하는 힘은 이성이고, 표현하게 하는 힘은 지성이다.

분노를 느끼는 감성과 함께 지성을 키우기 위해서는 분노를 표현할 수밖에 없다. 분노를 표현하고 그것을 반복함으로써 여자는 성장한다.

자, 이제 20세기를 이끈 주인공들의 분노의 방식을 통해 새로운 삶을 느껴 보자.

| 차례 |

들어가며   04

❖ 자연미 넘치는 새로운 여성의 본보기 오드리 헵번   09

❖ 끝없는 자기주장을 통한 창조 카미유 클로델   55

❖ 불운에 정면으로 맞선 도전 정신 프리다 칼로   79

❖ 기성 개념과 체제에 대한 반항 코코 샤넬   103

❖ 차별과 위선에 저항한 강한 의지 에디트 피아프   125

❖ 목표를 향한 끊임없는 분투 마리아 칼라스　　145

❖ 자신만의 비밀로 완성한 상상력 아가사 크리스티　　171

❖ 타협도 포기도 모르는 끝없는 도전 마리 퀴리　　193

❖ 반항과 독기를 품은 아름다움의 추구 마리 로랑생　　219

❖ 꿈을 향해 뛰어넘은 인간 존엄의 실현 플로렌스 나이팅게일　243

저자 후기　　268

자연미 넘치는
새로운
　　여성의 본보기

오드리 헵번 *Audrey Hepburn* 1929~1993

1929년 5월 4일, 벨기에 브뤼셀에서 한 여자아이가 태어났다. 그녀의 이름은 오드리 캐슬린 판 헤임스트라 헵번 러스턴이었다. 오드리의 부모는 남자아이가 태어나면 앤드루라고 부르려고 했다.

아버지 조셉 앤서니 러스턴은 앵글로 아이리쉬 은행에 근무했고, 어머니 엘라 반 힘스트라는 네덜란드 귀족 가문인 남작의 딸이었다. 두 사람 모두 재혼이었으며, 엘라에게는 전 남편과의 사이에 알렉산더와 이안이라는 두 아들이 있었다. 엘라는 네덜란드인이었지만 법률상으로는 영국 국적을 갖고 있었기에 브뤼셀의 영국영사관은 오드리를 영국인으로 인정했다.

태어난 지 3주째가 되었을 때 오드리는 심한 기침 발작으로 심장이 정지되었다. 엘라는 황급히 갓난아기인 오드리의 엉덩이를 두드려 심장을 다시 뛰게 만들었다.

도덕적으로 매우 엄격한 빅토리아조의 예절교육을 받고 자란 엘라는 자신의 아이들 역시 엄격하게 교육시켰다. 엘라는 오드리의 응석이나 투정을 받아주는 자상한 엄마가 아니었다. 그녀는 딸의 감정 따위는 전혀 이해하려고 하지 않았다. 언제나 일방적으로 오드리를 꾸짖고 야단쳤다.

강인한 성격의 어머니와 대조적으로 오드리는 섬세하고 내성적인 아이로 자랐다. 친구가 없었던 오드리는 늘 오빠들과 함께 놀았고, 책 읽는 것을 좋아했다. 그녀의 친구는 오로지 자연 속의 나무와 새, 그리고 꽃과 동물이었다.

아버지는 업무 때문에 해외 출장이 잦았는데, 출장에서 돌아올 때마다 어머니와의 말다툼이 끊이지 않았다. 오드리는 부모님이 싸우는 소리를 들을 때마다 공포감에 점점 움츠러들었다. 그런 그녀가 걱정된 어머니는 오드리를 영국 기숙사학교에 입학시키기로 했다.

영국 잉글랜드 남동부의 켄트 주에 있는 엘함학교에 들어간 오드리는 그곳에서 자립심을 배웠다. 아버지는 런던에 있었지만 한 번도 그녀를 만나러 오지 않았다. 같은 반 친구들은 영어가 서툰 오드리를 놀려대곤 했다. 그럴 때마다 그녀는 네덜란드에 있는 어머니가 그리웠다.

1930년대 중반, 영국에서도 파시즘이 파고들었다.

조셉과 엘라는 파시스트 운동에 공감하여 자금책과 당원 모집에 관여하기 시작했다. 그렇다고 해서 두 사람의 관계가 좋아진 건 결코 아니었다. 오히려 아버지 조셉이 반유대주의

분파에 참가하면서부터 엘라와 가족과의 관계가 어긋나기 시
작했다.

　1935년, 오드리가 여섯 살 때 과격한 파시즘에 빠진 아버
지는 결국 가족들을 버리고 집을 나갔다. 어머니는 매일 울
었다. 어린 오드리는 어떻게 해야 좋을지 알 수 없었다. 충격
과 불안이 그녀를 엄습했다. 아버지의 가출은 아버지가 자신
을 버렸다는 생각으로 이어져 오드리에게 평생의 트라우마가
되었다. 오드리에게 그만큼 현실은 잔인했고, 그 아픔은 평생
따라다녔다.

오드리, 발레와 만나다

　어머니는 한동안 힘들어했지만, 남편을 원망하
고 후회한들 아무 소용이 없다는 걸 깨닫고 기운을 차리기로
마음먹었다. 그녀에게는 소중한 딸이 있었다. 그때부터 그녀
의 관심은 오드리에게 집중되었다.

　그 무렵 오드리는 발레를 시작하게 되었다. 런던에서 일주
일에 한 번 발레 레슨을 위해 젊은 댄서가 마을로 찾아왔다.
그녀는 발레를 처음 보는 순간 소리쳤다.

“그래, 내가 하고 싶었던 게 바로 이거야!”

오드리의 눈빛이 반짝였다.

1938년 오드리가 아홉 살이 되던 해에 부모님이 정식으로 이혼했다. 아버지는 딸이 영국에 머무를 것과 딸을 만날 수 있는 조건으로 양육권을 어머니에게 양보했다.

1939년 9월, 나치가 폴란드를 침입하자 영국은 독일에 선전포고를 했다. 엘라는 서둘러 오드리를 데리고 네덜란드로 돌아갈 수속을 한 뒤 재판소의 허락을 받았다. 네덜란드는 중립국이었다. 오드리의 외할아버지인 남작은 자이펜델 성에서 지내고 있었다. 엘라는 세 아이와 함께 잠시 성에 머무르다가 아른헴에 아파트를 얻어 이사했다. 아른헴 주변은 도시와 달리 고즈넉하고 모든 것이 고요한 곳이었다. 엘라는 조용하면서 자연으로 둘러싸인 이곳이 가장 안전하다고 생각했다.

오드리는 공립학교 5학년으로 편입했다. 하지만 이번에는 네덜란드어가 서툴러 친구들 사이에서 웃음거리가 되었다. 친구로부터 무시당하는 게 너무 싫었던 그녀는 네덜란드어를 열심히 공부했다. 그러자 오드리는 얼마 지나지 않아 네덜란드어를 능숙하게 말할 수 있게 되었다.

1940년 5월, 열한 살이 된 오드리는 어머니와 함께 사드라즈 웨일즈 발레단의 공연을 보러 아른헴 시립극장에 갔다. 영국 출신의 발레리나 마곳 폰테인이 출연한 올스타 캐스팅의 매우 화려한 무대였다. 당시 발레단이 네덜란드에서 공연할 수 있도록 도와준 엘라는 공연이 끝난 후 네덜란드어와 영어로 인사말을 했다. 오드리는 연출가이자 아일랜드 출신 발레리나인 니넷 디 밸루아에게 꽃다발을 증정했다.

그런데 발레단이 아른헴을 출발하자마자 시와 연결된 모든 도로가 봉쇄되었다. 독일군이 선전포고도 없이 국경을 넘어 네덜란드와 벨기에, 룩셈부르크에 침입한 것이다. 오드리와 가족들은 한밤중에 라디오를 통해 로테르담과 암스테르담, 그리고 헤이그가 공격받고 있다는 사실을 알게 되었다.

네덜란드 군사령관인 H.G. 빙켈만은 처음에는 영국과 프랑스의 지원군을 기다릴 작정이었다. 하지만 잔혹한 살육 전쟁이 어디까지 확대될지 알 수 없는 상황이라 마냥 기다릴 수만은 없었다. 할 수 없이 빙켈만은 항복을 선언했고, 결국 5일 만에 네덜란드는 독일 점령하에 들어갔다.

1941년, 네덜란드는 독일 점령하에 배급제가 실시되면서 개인당 주 1회로 정해져 있는 계란을 손에 넣는 것조차 쉽지 않았다. 커피와 차, 그리고 버터와 식용유 등 식료품 대부분을 독일군이 거두어 갔다.

이런 상황에서도 오드리는 아른헴 음악학교에서 위니아 마로바로부터 본격적으로 발레를 배웠다. 엘라는 늘 오드리의 연습장을 따라다녔다. 공연을 할 때면 무대 뒤에 서서 딸의 모습을 진지하게 지켜보았다. 엘라는 어렸을 때 오페라 가수가 되고 싶었지만 아버지의 반대로 포기해야만 했다. 엘라는 그 정열과 기대를 딸의 미래에 쏟아 부었다.

그 무렵 아버지 조셉은 영국에서 친나치 활동으로 투옥되었다. 물론 헤어진 아내와 딸은 그 사실을 알지 못했다.

그 후 네덜란드 유대인 사회에 대한 일대 공격이 시작되었다. 나날이 악화되는 상황을 걱정한 성직자들이 나서서 문제를 제기했고, 네덜란드 개혁파 교회는 나치의 유대인 탄압에 대한 불복종을 호소했다. 이에 몹시 화가 난 나치는 유대인 체포와 강제 이송을 더욱 강화했다.

그런 와중에 네덜란드 지하조직이 시도한 독일의 열차 폭파 계획이 미수로 끝나자, 나치는 네덜란드 각지에서 인질을 붙잡아 처형했다. 오드리의 큰아버지도 본보기로 처형당했다. 수많은 네덜란드 사람들이 대항 목적이 아니라, 자신들을 지키기 위해 지하로 숨어들었다. 오드리의 큰오빠인 알렉산더도 그 중 한 사람이었다. 하지만 작은 오빠 이안은 체포되어 베를린으로 끌려갔다. 열한 살의 오드리는 레지스탕스 조직의 메시지를 구두 속에 숨겨 전달했다.

1943년, 독일군은 모든 라디오를 몰수해버렸다. 오드리는 레지스탕스의 비밀 모금활동을 위해 등화관제를 한 상태에서 공연을 하기로 결심했다. 그녀는 아는 사람의 집을 빌린 후 모든 창을 잠그고 불빛이 바깥으로 새어나가지 않게 커튼을 쳤다. 그리고 공연하는 동안 독일군에게 들키지 않도록 밖에서 망을 보게 했다. 오드리는 피아노 연주에 맞추어 자신이 안무한 발레를 추었다. 발레복은 낡은 커튼을 이용해서 만들었다. 짧은 공연이 끝나자 정적속에서 커튼콜과 함께 사람들이 모자를 흔들었다. 이렇게 해서 모인 돈은 레지스탕스 활동 자금으로 사용되었다. 오드리의 비밀 공연은 전쟁이 끝날 무렵까지 계속되었다.

1944년, 열네 살이 된 오드리는 위니아 마로바의 수제자가 되어 어린아이들을 가르쳤다. 그녀는 마로바에게는 비밀로 한 채 가끔 개인 레슨을 하기도 했다. 스승은 이를 알면서도 모른 척해 주었다. 오드리뿐만 아니라 제자들 대부분이 가계를 꾸려나가기 위해 이런식으로 일했기 때문이었다. 전시하의 식량

부족과 공포가 오드리의 건강을 위협했다. 당시에는 사람들이 먹을 수 있는 것은 무엇이든지 구해 먹었다. 튤립의 구근까지 가루를 내어 음식을 만들어 먹을 정도였다. 튤립의 구근은 그나마 나은 먹거리였다.

전쟁은 좀처럼 끝날 기미가 보이지 않았다. 전쟁이 5년이나 계속되리라고는 아무도 상상하지 못했다. 더구나 아른헴이 20세기 전쟁중에 최대 침공작전의 무대가 될 줄은 꿈에도 생각하지 못했다.

1944년 9월 17일 일요일, 아른헴의 전투는 영국 낙하산 부대의 첫 강하와 함께 불이 붙었다. 일단 라인 강의 다리를 빼앗는 것이 목적이었다. 그러나 독일군에 대한 기습작전은 엄청난 희생자만 남기고 실패하고 말았다. 오드리의 할아버지 반 힘스트라가의 땅에도 영국군이 들어왔다. 아른헴 지역의 모든 마을 사람들이 영국군을 지원했다.

오드리에게는 진퇴양난에 빠져 근처 숲에 숨어지내는 영국 공군병사들에게 메시지를 전달하는 역할이 주어졌다. 그녀는 꽃을 따는 척하면서 지정된 장소로 가 영국군과 재빨리 정보를 교환했다. 마을로 돌아오다가 독일 병사와 만나면 미소를 지으며 꽃다발을 건넸다. 그리고 마을 사람들에게 그날 밤 숨

겨줄 영국 병사의 이름을 알렸다.

9월 26일, 영국군 2,400명이 후퇴했다. 아른헴의 역사적인 건축물은 모두 파괴되었고, 주택의 75퍼센트가 부서졌다. 더구나 독일군은 하루 동안 아른헴의 주민 9만 명을 모두 강제로 쫓아냈다. 병든 환자는 물론 남녀노소를 불문하고 정든 고향을 떠나 낯선 곳으로 향할 수밖에 없었다. 오드리는 당시 아른헴의 교외인 펠프 마을에 있었는데, 할아버지의 집에서 피난민들의 비참한 광경을 모두 지켜보았다. 오드리는 그때의 공포를 결코 잊을 수가 없었다.

1945년 4월 30일, 아돌프 히틀러가 자살하자 4일 후 네덜란드는 해방되었다. 5월 4일은 오드리의 열여섯 번째 생일이었다.

유니세프^{UNICEF, 국제연합아동기금}의 전신인 국제연합 구제부흥기관^{UNRRA}에서 마을 사람들에게 식량과 모포, 의약품 등 구호물품을 보내왔다. 미국에서 보내온 것은 의류였다. 오드리는 신제품이나 다름없는 스웨터와 스커트를 보면서 이런 물건을 보내준 미국이라는 나라의 풍족함에 놀람과 동시에 큰 감동을 받았다.

열여섯 살이 된 오드리는 키 168센티미터에 체중이 41킬로

그램밖에 되지 않았다. 그녀는 천식, 황달, 대장염, 생리불순, 빈혈, 부종 등 영양부족으로 인한 여러가지 증상으로 힘들어했다. 마침내 멀리 떨어져 있던 오빠들이 고향으로 돌아오자 오드리는 오랜만에 기쁨의 눈물을 흘렸다.

엘라는 친구의 소개로 암스테르담의 부잣집에 요리사 겸 가정부로 들어갔다. 오드리는 스승 마로바의 추천장을 들고 암스테르담의 소냐 가스켈의 발레스쿨을 찾아갔다. 발레리나의 꿈을 향해 한 걸음 나아가기 위해서였다.

소냐 가스켈은 러시아에서 망명한 발레리나로 러시아의 예술기획자 세르게이 디아길레프의 러시아 발레단에서 활동했으며 전위적인 안무로 유명했다. 그녀는 오드리를 '발레 스튜디오 45'에 들어오게 하여 발레리나로서의 마음가짐을 가르쳤다. 스승의 가르침에 따라 오드리는 끊임없이 레슨을 받으며 몸을 단련시켰다. 하지만 레슨비를 마련하는 일은 결코 쉽지 않았다. 오드리는 친구의 소개로 사진 모델 일을 시작했다.

오드리와 영화의 만남

3년이 지났다. 다음 목표는 런던이었다. 오드리

는 유명한 마리 램버트 발레학교로 향했다. 그녀는 그곳에서 오디션을 받고 장학생으로 합격했지만 생활비는 자신이 부담해야 하는 상황이었다. 오드리는 할 수 없이 입학을 연기하고 엘라와 함께 네덜란드로 돌아가기로 결정했다.

그런데 네덜란드로 떠나기 전에 그녀에게 일거리가 하나 들어왔다. 해외에 네덜란드를 홍보하기 위한 여행 다큐멘터리 촬영팀이 오드리를 눈여겨본 것이다. 저예산으로 일주일만에 마침내 영화 「네덜란드 여행에서의 7가지 교훈 ^{Nederlands in Zeven Lessen}」이 완성되었다.

이 영화에 출연한 것을 계기로 오드리의 모델 활동 조건이 훨씬 나아졌다. 오드리는 자신이 운명을 향해 한 걸음 다가섰다는 사실을 그 당시에는 알지 못했다. 그저 주어진 기회를 놓치지 않고 열심히 하는 것만이 자신의 미래를 위한 길이라고 생각했다. 그녀는 현실에 부딪치면서 무섭고 두려운 상황을 직접 경험하기도 했다. 하지만 현실을 두려워하기보다는 오히려 그러한 현실을 자기편으로 만들어야 한다는 것을 서서히 깨달았다. 그녀는 여전히 섬세하고 유머가 넘치며 활발했지만, 차츰 자신이 무엇을 할 수 있는지에 대해 진지하게 생각하기 시작했다.

1948년, 엘라와 오드리는 마침내 런던으로 출발했다. 엘라는 꽃집을 시작으로 요리사, 미용사, 실내 장식 등 다양한 일을 거쳐 아파트 관리인으로 일했다. 폴란드 태생의 영국 무용가이자 발레 스승인 60세의 마리 램버트는 오드리를 6개월 동안 자신의 집에 머물게 하면서 여러 편의를 제공했다. 그러나 레슨을 받으면서 오드리는 오히려 처음으로 자신의 한계를 느끼기 시작했다.

스무 살이 된 오드리는 자신이 발레리나가 되는 일은 무리일지도 모른다는 생각이 들었다. 키가 너무 큰데다 군무를 추는 데만도 앞으로 5년이라는 수련기간이 더 필요했다. 더구나 5년이라는 시간과 노력을 투자해도 그녀가 받을 수 있는 건 고작 주 5파운드가 전부였다. 그녀는 그렇게 오랜 시간을 참고 기다릴 만한 여유가 없었다.

게다가 램버트는 오드리에게 클래식 댄서로서 성공할 만한 육체와 재능이 없다고 말했다. 그토록 꿈꿔왔지만 발레리나로 성공할 수 없다면 포기할 수밖에 없었다.

오드리는 제롬 로빈스가 안무를 맡은 브로드웨이 뮤지컬 히트작 「하이 버튼 슈즈」에 관심이 많았다. 그녀는 이 코러스라인 테스트에 응한 1,000명 가운데 10명 안에 뽑혀 합격했다.

1948년 12월 22일, 뮤지컬은 런던의 히포드롬 극장에서 막을 열었다. 대사라고는 단 한 줄밖에 없었지만 런던 연극계의 유명한 프로듀서이자 프로모션인 세실 랜드가 그녀를 주목했다. 그는 자신이 제작한 「소스 타루타루Sauce Tartare」와 「소스 피칸트Sauce Picanto」에 오드리를 캐스팅하기로 했다.

랜드는 오드리에게 발성 연습을 시키기 위해 자비로 셰익스피어 작품의 전문 배우이자 성격 배우로 유명한 펠릭스 애일머에게 그녀를 맡겼다. 비비언 리와 찰스 로튼이 그의 제자였다.

오드리는 애일머에게서 가만히 있을 때도 관객의 눈을 자신에게 향하게 하는 다양한 테크닉을 배웠다. 또한 프로가 되는 방법과 함께 자신이 하는 일에 지적으로 집중하는 법을 배웠다. 그녀의 배움은 계속되었고, 매일 두세 개의 공연을 하며 생계를 유지했다.

1951년, 영국 영화사인 ABC의 「천국의 웃음소리」에 출연하기로 결정되었다. 그리고 「젊은 혈기의 소치」, 「젊은 아내들의 이야기」, 알렉 기네스 주연의 「라벤더 힐 몹」에도 조연으로 출연했다. 커다란 눈망울에 가냘픈 몸매를 가진 그녀의 존재감은 스크린에서도 색다른 매력으로 관객들을 사로잡았다.

가냘픈 외모를 결점이 아닌 차이로 극복하고 색다른 매력으로 관객을 사로잡은 오드리.
배우로서 얻은 명성과 사랑을 기아와 내전으로 고통 받는 아이들에게 되돌려주었다.

당시 오드리는 사랑에 빠져 있었다. 상대는 스물여덟 살의 제임스 한슨이었다. 두 사람은 파티에서 만났는데, 193센티미터의 장신인 그는 요크셔에 있는 운송회사 소유주의 아들로 사교계의 명사이기도 했다. 그는 자가용 제트기를 갖고 있을 정도로 부유했고, 미녀들과의 스캔들로 유명한 남자였다.

오드리는 결혼에 대해 이상적인 꿈을 갖고 있었다. 그녀는 결코 자신의 부모처럼 살고 싶지 않았다. 오드리는 사랑하는 사람과 서로 위하며 행복하게 살면서 아이도 꼭 갖고 싶었다.

만인의 연인, 오드리!

오드리는 처음으로 「더 시크릿 피플」이라는 영화에서 제대로 된 역할을 맡았다. 이어서 「몬테카를로 베이비」의 출연 제의도 받았다. 그녀는 망설임 없이 바로 승낙했다. 단역이었지만 출연료가 괜찮았다. 게다가 디올의 옷을 입을 수 있었다. 촬영지는 모나코의 몬테카를로였다. 리비에라에서 가장 화려한 벨 에포크 건축물인 호텔 드 파리에서 한 달 동안 지낼 수 있다는 것도 꽤 괜찮은 조건이었다. 드디어 오드리는 모나코로 출발했다.

그 무렵 호텔 드 파리에는 극작가 시드니 가브리엘 콜레트 여사가 머물고 있었다. 그녀는 자신의 소설 『지지*Gigi*』를 연극 무대에 올리기 위한 작업을 한창 진행하고 있었는데, 주인공 지지에 딱 어울리는 배우를 찾지 못해 무척 고심하고 있었다.

호텔 로비에서 영화 「몬테카를로 베이비」 촬영팀 일행은 휠체어를 탄 콜레트 여사와 마주쳤다. 촬영팀은 콜레트 여사를 알아보고 길을 양보했다. 그런데 콜레트 여사의 시선은 온통 촬영팀 뒤에 서 있는 젊은 아가씨에게 가 있었다. 그녀는 콜레트 여사를 보지도 못한 채 무엇이 그리 즐거운지 동료와 웃으면서 이야기를 나누며 마치 춤을 추는 듯한 동작을 취하기도 했다.

"지지가 있어!"

콜레트 여사가 중얼거렸다. 하지만 오드리는 자신이 아직은 많이 부족하다는 이유로 주인공 '지지'역을 정중하게 거절했다. 콜레트 여사는 그녀의 거절에도 불구하고 막무가내로 결정해버렸다. 첫눈에 오드리가 자신이 그토록 찾던 지지라고 생각했기 때문이었다. 다른 캐스팅 따위는 있을 수 없는 일이었다. 콜레트 여사는 자신이 만들어낸 가공의 여인이 살아 있는 아름다운 여인으로 자신의 눈앞에 나타났다는 사실에 흥분을 감추지 못하고 작가로서 뿌듯함과 행복감을 느꼈다.

그 무렵 할리우드에서는 새로운 영화제작 논의가 한창이었다. 바로「로마의 휴일^{Roman Holiday}」이었다. 윌리엄 와일러가 각본을 읽어보고는 로마 현지 촬영을 한다는 조건으로 감독직을 수락했다. 회사에서 그의 조건을 받아들이고 마침내 캐스팅 단계가 되었지만 공주 역할을 맡을 만한 여배우를 찾지 못했다. 그때 파라마운트사의 런던 제작부장 리처드 밀랜드가「천국의 웃음소리」에 출연한 오드리를 떠올리고 그녀를 추천했다.「지지」준비로 바쁜 나날을 보내던 오드리에게「로마의 휴일」의 스크린 테스트 제의가 들어왔던 것이다.

1951년 9월 18일 런던 파인우드 스튜디오. 오드리는 각본에 있는 몇 가지 장면을 연기했다. 연기가 아닌 실제 오드리의 모습을 보고 싶었던 와일러 감독은 그녀가 연기를 하지 않을 때도 계속해서 카메라를 돌렸다. 그녀는 자신이 카메라에 계속 찍히고 있다는 사실을 알았지만, 전혀 개의치 않고 전쟁중의 체험과 아른헴의 기습공격, 지하실에 숨어 지낼 때의 비참한 생활 등에 대해 이야기했다. 조명은 오래도록 꺼지지 않았다. 오드리는 "컷!"이라는 소리를 들을 때까지 평소와 다름없는 분명한 어조로 자신의 생각을 말했다.

파라마운트사의 간부는 오드리의 스크린 테스트 필름을 보고 몹시 흥분했다. 숨어 있는 보석을 발견하는 순간이었다. 한시라도 빨리 계약서에 그녀의 사인을 받아야만 했다. 제작사에서는 캐서린 헵번과의 혼동을 피하고자 그녀에게 성을 바꾸자고 제안했다. 그러나 오드리는 정중하고 분명하게 그 제안을 거절했다. 파라마운트사가 정말로 자신을 원한다면 자신의 이름까지 인정해달라는 것이었다.

1951년 11월 8일, 필라델피아에서 「지지」의 첫 공연이 열렸다. 결과는 대성공이었다. 여기저기서 극찬이 쏟아졌다. 11월 24일, 뉴욕에서의 공연은 비평이 두 갈래로 나뉘었다. 연극에 대해서는 야유가 나왔지만, 말괄량이 같으면서도 천진난만한 그녀의 매력에 대해서는 꽤 긍정적인 평가가 나왔다. 거의 모든 신문이 신인 여배우 오드리 헵번에 대해 다양한 극찬을 아끼지 않았다.

오드리와 제임스 한슨은 「로마의 휴일」 촬영에 들어가기 전에 결혼할 생각이었다. 하지만 결혼은 계획대로 진행되지 않았다.

「로마의 휴일」 촬영팀은 오드리가 「지지」에서 해방되는 날만을 손꼽아 기다렸다. 제작사는 무대 제작 측에 5만 달러에

달하는 돈을 지불했다. 드디어 5월 31일, 「지지」의 뉴욕공연
이 끝났다.

「로마의 휴일」의 남자주인공인 그레고리 펙을 비롯한 모든
제작진들은 오드리의 출연에 가슴 두근거리며 촬영에 임했다.
그들은 모두 이 작품을 통해 그녀가 틀림없이 대스타가 될 것
이라는 것과 아카데미상을 받을 거라고 확신했다. 그들은 오
드리가 없는 곳에서 자주 그 이야기를 화제에 올리며 즐거워
했다.

와일러 감독 역시 촬영이 끝난 필름을 확인하면서 머지않아
오드리가 세계적으로 사랑받는 '만인의 연인'이 될 거라고 믿
어 의심치 않았다. 영화가 개봉되자 결과는 예상했던 대로였
다. 영화는 대성공을 거두었고, 당시 신인이었던 오드리는 일
약 톱스타로 발돋움했다. 젊은 여성들 사이에서는 이른바 '헵
번 스타일'이라는 짧은 머리가 대유행했다.

한편, 영화 촬영이 끝나자마자 이번에는 「지지」의 미국 순
회공연이 그녀를 기다리고 있었다. 오드리는 제임스 한슨과의
결혼 약속을 없던 일로 하기로 했다. 지금은 자신이 결혼보다
는 일을 원하고 있기 때문이었다. 두 사람 사이에는 우정만이
남았다.

　1953년 8월, 「로마의 휴일」은 개봉되자마자 관객과 비평가들을 모두 사로잡았다. 커다란 눈망울을 가진 우아하고 청순한 신인 여배우로 스크린에 등장한 순간, 그녀는 전 세계 사람들의 사랑을 한 몸에 받는 세계적인 슈퍼스타가 되었다.

오드리의 시대가 열리다

　9월 7일자 『타임』지는 오드리를 표지 인물로 실었다. 이제 막 개봉한 영화의 주인공이, 더구나 무명 여배우가 표지를 장식하는 건 극히 이례적인 일이었다. 런던에서도 「로마의 휴일」을 축하하는 파티가 열렸다. 그 파티에는 배우 멜 페러도 있었다.

　멜 페러는 소설과 희곡을 쓰고, 무대 제작과 연출도 하는 다재다능한 남자였다. 그는 오드리보다 열두 살 연상으로 세 번의 결혼과 두 번의 이혼을 했으며, 네 명의 아이가 있었다. 오드리와 멜 페러는 첫 만남부터 서로 호감을 느꼈다.

　1953년 9월, 영화 「사브리나Sabrina」의 촬영이 시작되었다. 롱아일랜드에 있는 파라마운트사의 회장, 바니 바라반의 저택에서 3개월간 현지 촬영을 마친 후, 할리우드에서 나머지 촬영이 계속되었다. 빌 와일더 감독은 영화 속에서 오드리에게 유행의 최첨단을 걷는 드레스를 입히기 위해 그녀를 즉시 파리로 보냈다.

그녀는 파리에서 디자이너 유베르 드 지방시를 만났다. 스물여섯 살의 그는 당시 샤넬과 랑방이 주름잡고 있던 패션계의 계승자로 주목받던 인물이었다. 지방시는 '미스 헵번이 새 영화 드레스를 맞추러 온다'는 말을 듣고 당연히 베테랑 배우 '캐서린 헵번'인 줄 알고 몹시 기뻐했다.

그러나 정작 그곳에 나타난 건 신인 배우 오드리 헵번이었다. 그는 그녀의 이름도 알지 못했다. 커다란 눈망울을 가진 귀여운 오드리에게 지방시는 지금 매장에 있는 옷 중에서 마음에 드는 옷을 골라도 좋다고 말했다. 그녀는 자신의 얼굴과 가냘픈 체형에 어울릴 만한 드레스를 몇 벌 골랐다.

그녀를 지켜보던 지방시는 결국 오드리를 위해 가장 우아한 의상을 직접 디자인해주기로 마음먹었다. 바로 영화 파티 장면으로 유명해진 사브리나 드레스였다. 그후 그는 오드리 자신만의 스타일을 만드는 데 많은 도움을 주었고, 두 사람은 평생 가장 믿을 수 있는 오랜 친구로 남았다.

오드리는 할리우드 최고의 여배우를 넘어 패션 혁명가이기도 했다. 그녀는 우선 여성의 신체 기준을 바꾸었다. 처음 등장했을 때 오드리는 작은 가슴과 날씬한 히프 때문에 할리우드의 강낭콩으로 불렸다.

그 당시 50년대는 글래머 스타일의 여배우가 대세였다. 가냘프고 청순한 여배우에게 섹시하고 매혹적인 분위기는 전혀 찾아볼 수 없었다. 하지만 그것은 그녀에게 결코 결점이 아니었다. 그저 단순한 차이에 불과했다. 오드리에게 풍만한 가슴은 없었지만, 그 대신 청순하면서도 우아한 외모에 표정이 풍부하게 살아 있었다.

오드리는 누군가와 자신을 비교하기보다는 오히려 자신의 결점을 냉정하게 바라보고 보완하는 방법으로 아름다움을 추구했다. 큰 키와 고르지 못한 치아가 그녀의 결점이었다. 하지만 그녀는 결점보다는 다른 무언가로 자신을 가꾸기 위해 노력했다.

「사브리나」의 지방시 드레스는 그 자체만으로도 충분히 아름다웠지만 드레스를 입은 오드리로 인해 그 아름다움은 더욱 빛을 발했다. 더구나 발레리나로서의 이미지는 여배우 오드리의 저력이기도 했다.

「사브리나」가 완성되고 2주일 후 「운디네Undine」의 리허설이 시작되었다. 이번에는 연극무대였다. 출연자인 멜 페러가 오드리를 추천하자 그녀는 곧바로 승낙했다.

1954년 3월 25일, 스물네 살이 된 오드리는 영화「로마의 휴일」로 아카데미 여우주연상을 수상했다. 그리고 3일 후「운디네」로 최우수 연극배우에게 주어지는 토니상까지 수상했다. 드디어 여배우 오드리의 시대가 열렸다.

1954년 9월 24일, 오드리는 멜 페러와 스위스의 뷔르겐스톡 산에 위치한 교회에서 결혼식을 올렸다.

영화계에서는 그녀를 주인공으로 한 「전쟁과 평화^{War and Peace}」, 「화니 페이스^{Funny Face}」, 「하오의 연정^{Love in the Afternoon}」, 「파계^{The Nun's Story}」, 「그린 맨션^{Green Mansions}」, 「용서받지 못한 자^{The Unforgiven}」 등과 같은 작품들이 줄줄이 기다리고 있었다. 하지만 그녀는 톱스타만을 상대로 1년에 한두 작품만 하면서 조금씩 경력을 쌓아나갔다.

존 휴스턴 감독의「용서받지 못한 자」를 촬영하던중 오드리는 말에서 떨어져 큰 부상을 당했다. 더구나 아이까지 유산하는 아픔을 겪어야 했다. 무척이나 아이를 갖고 싶어 했던 그녀에게는 큰 고통이었다.

1959년, 오드리는 아버지 조셉이 더블린에 살고 있다는 걸 알았다. 그녀는 멜 페러와 함께 아버지를 찾아갔다. 그 이후 오드리는 아버지와 그의 젊은 아내에게 매달 돈을 보냈고, 그가 90세로 사망할 때까지 계속 보살폈다.

1960년 1월 17일, 오드리가 서른 살 때 장남 숀이 태어났다.

1961년, 오드리는 죠지 페퍼드와 함께「티파니에서 아침을 Breakfast at Tiffany's」을 촬영했다. 이 영화는 오드리를 영원한 스타로 만든 작품으로 기타를 치며 감미롭게 부른 주제곡 '문 리버 Moon river'는 대히트를 쳤다.

1963년, 오드리는「샤레이드 Charade」에서 케리 그랜트와 연기했다. 그해 오드리의 팬이라고 거리낌 없이 말한 존 F. 케네디에 대한 답례로 그녀는 5월 29일 뉴욕의 월도프 아스토리아 호텔에서 열린 그의 생일파티에서 '해피버스데이 디어 잭'을 불렀다. 그날은 케네디의 46회 생일이자 그의 마지막 생일이었다.

1964년, 서른다섯 살이 된 오드리에게 피그말리온 신화를 버나드 쇼가 희곡을 써 영화화한「마이 페어 레이디 My Fair Lady」의 여주인공 '일라이자' 역할이 들어왔다. 사람들 대부분은 무대에서 호평을 받았던 여배우 줄리 앤드루스가 영화에서도 기용될 거라고 생각했다. 그러나 워너영화사는 줄리 앤드루스와 오드리의 흥행 수입의 차이를 500만 달러 정도로 예상했다.

영화의상 담당 디자이너는 세실 비턴이었다. 이 영화에는 출연자가 많았기에 준비해야 할 의상만 해도 1,000벌에 달해 의상비 지출이 엄청났다.

한창 촬영중이던 11월 22일, 존F. 케네디 대통령이 암살되었다. 뉴스를 듣고 스튜디오는 혼란에 빠졌다. 배우도 스탭도 모두 손을 잡고 울었다.

크리스마스가 되기 며칠 전, 「마이 페어 레이디」의 촬영은 끝이 났다. 1965년, 제37회 아카데미상에서 「마이 페어 레이디」는 12개 부문에 노미네이트되었지만 오드리는 후보에조차 오르지 못했다.

할리우드는 겉치레와 헛소문, 질투, 중상모략, 음모, 거래 등 악의로 가득 찬 곳이었다. 오드리에게는 결코 편안하게 보낼 수 있는 곳이 아니었다. 그녀는 화려한 영화스타로 남기보다는 일상의 개인적인 행복을 더 원했다.

스위스 쥬네브호반의 북쪽 톨로세나 슈르 모르쥬라는 마을에 18세기에 지어진 낡은 농가가 있었다. 오드리는 그 집을 보자마자 즉시 구입하고, 산장에 프랑스어로 '조용한 장소'라는 의미인 '라 페지블La Paisible'이라고 이름 붙였다. 그후 그녀는

「화려한 도둑」, 「언제나 둘이서Two for the Road」, 「어두워질 때까지Wait Until Dark」 등 1년에 한 작품에만 출연했다.

멜 페러가 제작한 스릴러 영화 「어두워질 때까지」에서 오드리는 목격자로 의심받고 살인자에게 쫓기는 눈먼 여주인공으로 나와 강한 인상을 남겼다. 두 사람의 호흡이 가장 잘 맞았던 영화였다. 이 영화는 그녀의 마지막 여우 주연상 후보작이 되었다. 하지만 멜 페러와의 관계가 차츰 소원해지면서 두 사람은 별거에 들어갔다. 그녀는 이혼만큼은 피하고 싶었지만 희망의 빛은 보이지 않았다.

1968년 6월, 서른아홉 살이 된 오드리는 어둡고 힘든 나날의 연속이었다. 마침 그녀는 지인에게서 에게 해 크루즈 여행 초대를 받고 그곳에서 여성 우울증 치료 전문병원의 원장이자 정신과 의사였던 안드레아 도티를 만났다. 아홉 살 연하인 그는 1938년에 이탈리아 나폴리에서 태어났는데, 그의 아버지는 도메니크 도티 백작이었다.

오드리의 사랑과 결혼

1968년 12월, 오드리는 멜 페러와 정식으로 이

혼하고, 다음해 1월 안드레아와 결혼했다. 그녀는 백작부인의 작위를 갖게 되었지만 사회적 지위에는 그다지 관심이 없었다. 그녀는 집으로 걸려오는 전화도 항상 직접 받았다.

1970년 2월 8일, 오드리는 둘째 아들 루카를 낳았다. 그녀는 여배우로서의 경력에는 더 이상 흥미가 없었다. 좋은 아내, 좋은 엄마가 되어 웃음소리가 끊이지 않는 행복한 가정을 만드는 것이었기에 로마에 사는 오드리에게 할리우드는 지도의 거리 이상으로 먼 곳이었다. 그러나 안드레아는 오드리와 생각이 달랐다. 그는 플레이보이 생활에 마침표를 찍을 생각이 전혀 없었다.

1976년, 오드리는 8년 만에 영화 출현 제의를 받았다. 「로빈과 마리안Robin and Marian」이라는 영화였다. 그녀는 오랜만에 영화촬영을 하면서 가정에서는 느낄 수 없었던 긴장감과 스릴을 맛보았다.

1980년, 오드리는 안드레아와 별거에 들어갔다. 1981년, 쉰두 살이 된 오드리는 결혼이라는 틀에 적응하지 못하는 자신에게 화가 났다. 그녀는 패배감에 견딜 수가 없었다. 「뉴욕의 연인들They All Laughed」의 촬영이 시작되기 전까지 오드리는 로스앤젤레스에 사는 친구 코니 월드의 집에서 함께 지냈다. 그녀는 그곳에서 네덜란드의 미남배우 로버트 월더스와 만났다. 그와는 전혀 모르는 사이는 아니었지만 편하게 대화를 나눈 적은 없었다.

로버트 월더스는 1936년 9월 28일에 로테르담에서 KLM 항공 중역의 아들로 태어났다. 나치가 로테르담을 공격할 당시 그는 네 살이었다. 그가 살던 마을과 오드리가 살던 아른헴과의 거리는 10마일 정도였다. 스물세 살에 미국으로 건너간 그는 배우를 지망했다. 그는 전위연극 그룹에서 활동하다 서른네 살 때 쉰아홉 살의 메를 오베론과 만났다. 두 사람은 1975년에 결혼했는데, 예순넷의 메를 오베론에게 그는 네 번째 남편이었다. 스물다섯 살이라는 나이 차이가 있었지만, 1979년에 메를 오베론이 타계할 때까지 이들은 행복한 나날을 보냈다.

오드리는 여배우 메를 오베론의 인품을 잘 알고 있었고, 그녀를 존경했다. 오드리는 로버트에게 좀 더 많은 이야기를 듣고 싶었고, 자신의 이야기도 하고 싶었다. 두 사람의 관심사는 많이 닮아 있었다. 그들은 급속도로 가까워졌다.

1982년 오드리와 안드레아는 결국 이혼했다.

1984년 여름에는 어머니 엘라가 세상을 떠났다. 엘라가 세상을 떠나기 전 마지막 10년간 오드리와 엘라는 스위스의 톨로슈나의 라 페지블에서 함께 지냈다. 그리고 오드리는 결혼이라는 틀에 얽매이지 않고 로버트와 함께 지냈다. 그대로도 충분히 행복했기 때문이었다.

아버지 조셉이 집을 나갔을 당시, 오드리는 고작 여섯 살이었다. 그날부터 그녀는 아버지 없는 가정을 받아들여야만 했다. 친구들에게는 아버지가 있었지만, 그녀에게는 존재하지 않았다.

그 원인이 어머니에게 있었던 걸까? 부모가 늘 언쟁을 벌이는 모습을 지켜보며 자란 오드리는 어린 나이에도 많은 생각을 했다. 그리고 결심했다. 자신은 어머니와는 전혀 다른 길을 걷겠다고, 그리고 사랑하는 사람과 결혼해서 행복한 가정을 꾸리겠다고……

오드리는 첫 결혼 상대인 멜 페러에게 헌신적인 애정을 쏟았다. 멜 페러가 감독한 「그린 맨션」을 촬영할 당시, 아침에 소도구 담당이 깜박해서 멜 페러의 오렌지주스를 챙기지 못하자 주인공인 오드리 자신이 촬영장에 직접 가지고 갔을 정도였다. 또 오후에는 멜 페러의 홍차와 쿠키를 잊지 않고 꼼꼼하게 준비했다.

멜 페러가 여행을 떠날 때면 50개의 짐 꾸리는 것을 챙기는 것도 오드리의 몫이었다. 한 번은 그녀가 짐 꾸리는 것을 미처 챙겨주지 못한 적이 있었다. 그런데 셔츠의 커프스버튼이 없는 것이었다. 당연히 들어 있어야 할 트렁크에 없었던 것이다. 오드리는 자신이 챙기지 않아서 일어난 일이라며 미안해서 어쩔 줄을 몰라 하면서 앞으로는 절대 그런 일이 없을 거라고 멜 페러에게 약속했다.

오드리의 결혼관은 그녀의 용모나 패션처럼 새롭지는 않았다. 그녀 역시 어머니에게 받은 빅토리아조의 예절을 바탕으로 하고 있었다. 아내는 예의 바르고 겸손하게 남편을 따라야 한다는 게 그녀의 생각이었다. 연애는 결혼으로 완벽해지고 헌신에 의해 유지된다는 생각에도 변함이 없었다. 오드리는 남자가 당연히 그렇게 해줄 거라고 철석같이 믿었다. 하지만 그 믿음에 함정이 있다는 것을 깨닫지 못했다. 그녀에게 있어서 사랑이란 자신의 에너지와 시간, 모든 관심까지 모두 상대에게 주는 것이었다. 또 사랑이란 자신이 준 만큼 되돌려 받는 것이라고 생각했다. 그러나 처음에는 그녀의 요구에 응해주는 것을 기뻐했던 남자도 그리 오래가지 못했다.

남자들은 그런 그녀에게 차츰 숨이 막혔다. 첫 번째 결혼생활을 하면서 그녀는 자신이 일 때문에 집을 비울 때면 멜 페러를 위해 자신이 집에 없는 모든 날의 메뉴를 아침, 점심, 저녁은 물론 심야간식까지 확실하게 메모지에 적어서 요리사에게 남겨놓고 떠났다.

두 번째 남편 안드레아에 대해서도 오드리는 무척 헌신적이었다. 그녀는 의사 아내로서의 역할을 완벽하게 해내려고 애썼다. 남편이 늦게까지 일을 해야 할 때는 병원으로 찾아가서 함께 저녁을 먹는 등 최선을 다했다. 그녀는 가정을 밝고 즐거우면서도 아늑하고 편안한 장소로 만들고 싶은 소망이 간절했다. 안드레아는 아늑하고 편안함을 추구하는 것과 사랑을 추구하는 것은 서로 밀접한 관계가 있다고 생각했다. 하지만 그건 오드리가 원하는 사랑이 결코 아니었다.

오드리는 자신의 일을 멀리하면서까지 헌신을 다했는데도 안드레아와 이혼하게 되자 매우 고통스러워했다. 그녀는 결혼에 대해 여전히 간절히 바라고 있었지만 공포심 또한 극에 달해 있었다.

결국 오드리는 로버트 월더스와는 결혼이라는 틀에 얽매이지 않고 남은 평생을 함께했다. 그와 함께 지내면서 오드리는 그녀가 그토록 바라던 행복을 얻었다.

“그는 나를 위해 존재해요”라고 그녀는 말했다.

오드리는 헤어진 남자에게서 배울 것은 없었고, 오히려 남자는 여자보다도 더 쉽게 상처를 받는다고도 말했다. 쉽게 상처받는 그들을 위로하기 위해 그녀가 헌신했다면 그것은 남자들에 대해 조금 실례가 되는 선입관이기도 했다.

유니세프 친선대사에 취임하다

1988년, 오드리는 유니세프 친선대사로 취임했다. 이듬해인 1989년, 예순 살이 된 오드리는 스티븐 스필버그 감독의 영화 「올웨이즈^{Always}」에 출연했다. 그녀에게는 스물일곱 번째 영화였다. 그들은 이제껏 한 번도 만난 적이 없었다. 오드리는 그의 작품을 좋아했고, 오래 걸리지 않는 작품이라는 말에 승낙했다. 마침내 「올웨이즈」의 출연을 끝으로 영화에서 모습을 감춘 그녀에게는 할 일이 있었다. 바로 유니세프 활동이었다. 그 일은 오직 그녀만이 할 수 있는 일이었다.

1990년 3월, 유니세프를 위한 자선 콘서트가 미국 5개 도시에서 개최되었다. 뉴욕의 국제연합총회에서 처음 상연되었는데, 오드리가 『안네의 일기』에서 발췌한 내용을 낭독하고,

마이클 틸슨 토머스가 교향변주곡을 작곡하여 직접 지휘했다. 『안네의 일기』와 토머스의 음악, 그리고 오드리의 내레이션, 이 세 가지가 혼연일체가 되어 관객들에게 호소했다. 오드리에게는 35년 만의 무대 출연이었다. 그녀는 『안네의 일기』가 자신의 이야기나 다름없다고 자주 말했다. 안네 프랑크가 겪었던 전쟁의 공포와 두려움을 오드리 역시 똑같이 경험하고 느꼈기 때문이었다.

1991년 5월 오드리는 심포니 오케스트라와 공연했다. 런던에서 마지막으로 무대에 선 지 40년 만의 공연이었다. 이후 안네 프랑크 교육기금이 신설되고 안네의 이복동생인 에바 슈로스로부터 후원 의뢰가 있었다. 오드리는 그 제안을 승낙하고 기금을 통해 성명을 발표했다.

"안네 프랑크의 추억이 현재와 미래에도 영원히 우리와 함께하는 건 그녀가 이 세상을 떠났기 때문이 아니라, 희망과 사랑, 특히 모든 용서의 불멸의 메시지를 우리에게 남기는 데 충분한 시간을 살았기 때문입니다."

1990년 4월, PBS TV의 다큐멘터리 프로그램 「세계의 정원」의 현지 촬영이 시작되었다. 오드리는 이 시리즈를 통해 많은 사람들에게 환경 문제에 대해 이야기하고 싶었다. 당시는 아직 환경에 대한 관심이 그다지 높지 않을 때였다.

1991년 4월 22일, 뉴욕에서 '오드리 헵번을 기리는 밤'이 열렸다. 그녀는 중요한 건 자신의 마음을 열게 해준 공연자와의 경험이었다고 말했다.

오랜 친구인 여배우 레슬리 캐론은 오드리의 경력을 두 개의 장으로 나누어 말했다. 제1장에서는 오드리가 수많은 영예를 손에 넣었고, 제2장에서는 손에 넣은 모든 것을 다시 사회에 환원했다고 했다. 제2장이란 바로 유니세프 활동이었다. 오드리는 유니세프위원회의 요청에 따라 마카오, 일본, 터키, 핀란드, 네덜란드, 오스트레일리아 등 전 세계를 돌아다녔다.

세계에서 가장 가난한 나라, 에티오피아에서는 수백만 명이 기아와 가뭄과 내전으로 고통받고 있었다. 에티오피아에서는 아이들 네 명 중 한 명이 다섯 살이 채 되기도 전에 굶어죽었다.

오드리는 인간의 존엄에 차별이 있어서는 안된다고 말했다. 그녀는 자신의 눈으로 직접 지켜본 비참한 상황을 기자회견을 통해 많은 사람들에게 알리고자 노력을 아끼지 않았다. 그녀는 계속되는 미디어 인터뷰 요청에도 싫은 내색 없이 모두 응해주었다. 유니세프 대사로 그녀만큼 많은 미디어 취재를 받은 사람은 전무후무하다.

오드리는 기아로 죽어가는 많은 사람들의 위기를 호소했다. 매주 수많은 아이들이 굶어 죽어가는데도 항구에는 많은 식량이 그대로 방치되어 있었다. 그녀는 이 용서하기 힘든 현실에 대해서도 거침없이 항의했다. 이런 사실을 외면하고 제도적인 개선조차 하지 않는 불성실한 태도에 분노했다. 그녀는 이는 우리 시대의 최대의 수치이자 비극이라며, 하루빨리 종지부를 찍어야 한다고 호소했다. '아동의 권리조약'의 하나하나가 인류의 아이들에게 주는 최대의 선물이라는 사실을 재인식시킨 것도 오드리였다.

아동의 권리조약은 1959년에 국제연합에 의해 채택되었다. 이는 모든 국가에 아동의 건강과 교육, 그리고 전쟁중의 보호 보장을 요구한 '아동의 권리 선언'에 기초한 것이다. 오드리는 전 세계가 이 조약을 국내법으로 제정해야 한다고 주장했다.

터키, 남아메리카, 과테말라, 온두라스, 엘살바도르……. 오드리는 가는 곳마다 고통받는 사람들은 물론 유니세프 직원들과 정부, 그리고 미디어 관계자들에게 항상 정중하고 상냥하게 대했다.

그녀는 아이들이야말로 각 나라의 최고의 자산이며, 평화를 위한 유일한 희망이라고 역설했다. 그리고 아이들의 가치를 무시하는 사회의 잘못을 꾸짖었다. 중립적인 위치에서 이야기해야만 하는 오드리가 고심 끝에 전하는 메시지는 매우 강렬했다.

수단, 방글라데시, 베트남, 소말리아. 오드리의 여행은 계속되었다. 소말리아를 시찰한 후에는 런던, 쥬네브, 파리에서의 기자회견과 미국에서의 텔레비전 출연이 기다리고 있었다. 7개 국어를 구사하는 오드리는 전례가 없을 만큼 많은 국제보도를 통해 전 세계를 그녀에게 주목시킬 수 있었다.

"개발도상국은 매년 약 1,500억 달러를 무기 구입으로 낭비하고 있습니다. 그리고 국제연합안전보장이사회의 상임이사국 5개국에서 전 세계 무기의 90퍼센트를 판매하고 있다는 사실입니다."

오드리의 분노는 쉽게 가라앉지 않았다. 그녀는 자신의 지명도와 적극적인 행동, 그리고 많은 연설을 통해 기금활동 수익을 두 배 이상 늘렸다.

유니세프 일을 끝내고 돌아온 오드리는 스위스의 자택에서 휴양한 후에 다시 미국으로 건너갔다. 로스앤젤레스의 친구 집에 머무르고 있던 오드리는 갑자기 복통을 일으켰다. 그녀는 평소에 건강한 식생활을 즐겼고, 소말리아로 출발하기 전에도 예방주사를 맞고 출국했었다. 복통의 원인을 전혀 알 수 없었던 오드리는 자세한 검사를 위해 입원하기로 했다.

결과는 절망적이었다. 결장에서 악성종양이 발견된 것이었다. 11월 2일, 그녀는 결장의 부분절제와 자궁적출 수술을 받았다. 당시 오드리는 단순하게 소말리아에서 악성 아메바 감염증에 걸린 것이라고 생각했다. 그러나 갑작스런 암 선고에 그녀는 마음의 평정을 잃고 말았다.

오드리는 "나는 어디서 용기를 얻어야 하니?"라며 아들 숀을 향해 중얼거렸다. 암은 이미 위까지 전이된 상태였다. 그녀는 11월 말에 퇴원했다가 12월 9일에 다시 입원했다. 그녀는 수술을 해도 가망이 없다는 걸 알았다. 오드리는 화학요법을 원하지 않았다. 그보다 스위스의 라 페지블에서 크리스마스를 보내고 싶었다.

지방시가 많이 쇠약해진 그녀를 위해 지인에게 부탁해 스위스까지 자가용 제트기를 타고 갈 수 있도록 배려해주었다. 오드리는 라 페지블로 돌아오자 활기를 되찾았다. 그녀는 매일 산책을 했다. 하지만 파파라치가 울타리에 숨어 그녀를 지켜보고 있었기에 마음 놓고 산책조차 즐길 수도 없었다.

그녀는 두 아들에게 말했다.

"너희들은 내가 만들어낸 최고의 작품이야."

크리스마스에는 오드리가 로버트에게 말했다.

"내 생애에 이번 크리스마스가 가장 행복했어요."

1993년 1월 10일, 영화연극배우조합에서 그녀에게 공로상을 수여했다. 수상식이 있던 날, 그녀가 미리 보낸 수상소감을 영화배우 줄리아 로버츠가 대신 읽었다.

"저는 어렸을 때 남에게 자랑스럽게 과시하는 건 예의에 어긋나는 일이라고 배웠습니다만, 저는 계속 예의에 어긋나는 일만 해왔습니다."

오드리의 유머에 동료들은 미소를 지었다.

1월 20일 오후 7시, 오드리는 작은 아들 루카에게 말했다.

"미안하다. 이제 그만 떠나야 할 것 같구나."

향년 63세였다. 조용한 최후였다.

그날, 전 세계에 있는 티파니 가게는 윈도우에 그녀의 사진을 걸고 '오드리 헵번 ← 우리의 허클베리 프렌드 1929~1993'이라고 쓴 애도광고를 냈다. '허클베리 프렌드huckleberry friend'는 영화「티파니에서의 아침을」의 주제곡「문 리버」의 가사에 등장하는 문구였다.

다음 날인 1월 21일은 PBS TV의「세계의 정원」시리즈 첫 회 방송일이었다.

톨로세나에서는 일요일에 장례가 허용되지 않았지만 그 규칙은 변경되었다. 오드리의 라 페지블에서 교회, 그리고 교회에서 묘지까지 기나긴 조문 행렬이 이어졌다. 소나무로 만든 소박한 그녀의 관은 큰 아들 숀과 작은 아들 루카, 디자이너 지방시, 마지막까지 그녀와 함께한 로버트 월더스, 그리고 작은 오빠 이안의 손에 의해 운구되었다. 멜 페러가 오드리의 관 뒤를 따라갔다.

30분간의 장례식이 끝난 후 아동성가대가 찬미가를 불렀다. 그리고 오드리는 쥬네브 호수가 내려다보이는 작은 언덕 위의 묘지에 잠들었다. 묘지에는 장식이 없는 수수한 소나무로 만든 십자가가 세워졌다.

로버트 월더스는 뉴욕 주 로체스터의 교외로 이사했다. 그는 유니세프의 의뢰로 자신이 직접 촬영한 비디오테이프를 편집했다. 23분간의 다큐멘터리「오드리 헵번은 말한다」로 그녀의 마지막 활동을 기록한 필름이었다.

어른이 된다는 건 변화하고
성숙해진다는 뜻이다

1996년 7월, 영국의 『바파즈&퀸』지는 '현대의 가장 매력적인 여성들'이라는 특집을 실었는데, 오드리 헵번이 1위였다. 「로마의 휴일」을 찍은 지 50년 이상이 지났고, 오드리가 타계한 지도 16년이란 세월이 흘렀다. 그러나 그녀의 인기는 식을 줄 모른다. 그녀처럼 3세대에 걸쳐서 이렇게 꾸준히 사랑받는 여성은 전무후무하다고 할 수 있다. 왜냐하면 그녀의 인기에는 타당한 이유가 있기 때문이다. 관객들은 「로마의 휴일」이나 「사브리나」의 영화에서 그저 '매우 청순하고 귀여운 신인 스타'를 만난 것만은 아니기 때문이다.

그들은 오드리 헵번이라는 여배우를 통해 아주 구체적으로 '새로운 여성'을 본 것이다. 맨 먼저 관객들의 시선을 사로잡은 건 지금까지 봐왔던 육감적인 곡선미가 아닌, 가냘프고 늘씬한 직선미의 체형이었다. 그녀의 모습에는 섹시함이나 관능적인 눈길 대신 가냘프고 우아하며 청순한 이미지, 그리고 분명하게 자신의 의견을 말하는 솔직함과 말괄량이 같은 천진난만하고 깜찍한 표정이 있었다.

「사브리나」에서 함께 공연한 험프리 보가트는 이렇게 말했다.

"다른 여배우가 상대역일 때는, 그녀들이 어떤 연기를 할지 대개 상상할 수 있지만 오드리는 전혀 상상이 가지 않아요. 마치 유명한 테니스 선수처럼 오드리가 치는 공은 매번 다르기 때문이죠."

요컨대 그는 연기를 하면서도 결코 긴장을 늦출수 없었던 것이다. 그래서 그녀와 공연한 남자배우들은 오드리와 함께 연기할 때면 다른 작품에서는 결코 보여준 적이 없는 표정이나 동작을 보여주었다.

오드리는 두려워하지 않고 자신의 마음을 열었기에, 상대배우가 마음을 열었고, 관객들의 마음까지 열렸다. 이는 영화가 끝나고 영화관에서 나올 때, 혹은 DVD를 보고 난 후에 느끼는 해방감의 원인이 스토리보다도 오드리가 맡은 캐릭터로 인해 마음을 열게 만든다. 이는 어제의 내가 내일의 나로 변해가는 것에 대한 공감에서 출발한다.

직업은 발레리나가 아니었지만 그녀는 평생 마음의 댄서였다. 오드리의 가냘픈 몸매에는 전시중에 체험한 순수한 희로애락의 감정이 뿌리를 내리고 있으며, 또한 꿋꿋하게 성장했다. 그녀는 처음에는 발레를 통해 그런 자신의 모습을 표현하려고 노력했고, 여배우가 되고 나서는 영화에서 시도하려고 애를 썼다. 40년간 그녀는 테크닉이 아닌 느낌으로 자신이 맡은 역할에 최선을 다해 연기했다. 그녀는 자신의 느낌을 신뢰하고, 마음에 따라 자유자재로 소통하며 경력을 쌓았다.

이와 함께 오드리는 50년대를 부활과 자신감 회복의 시대로 생각했다. 전쟁이 끝나고 세계는 다시 움직이기 시작했다. 자유와 평화를 향해 희망이 날갯짓하는 날이 왔다는 것을 그녀는 온몸으로 실감했다. 그녀는 늘 자신이 할 수 있는 일을 행동으로 옮겼다.

오드리는 할리우드에서 철저하게 기획적으로 만들어진 여배우들과 대조적으로 자연미가 넘쳤다. 그녀는 50년대가 창조해낸 유행이 아니었다. 그래서 결코 유행에 뒤처지지 않았던 것이다. 그녀는 '새로운 여성'의 존재라는 본질을 갖고 등장했으며, 앞으로도 영원히 살아 있을 것이다. 또한 「로마의 휴일」과 「사브리나」 등 오드리가 출현한 영화는 '새로운 여성'의 본보기로 남을 것이다. 히로인의 인사방법, 감사의 말투, 질문을 받았을 때의 대처능력, 걸음걸이. 옷 잘 입는 법, 고개를 갸웃거리는 법, 등을 꼿꼿이 세우는 법, 선물을 건넬 때와 받을 때의 예의 등 …….

소녀 같은 순수함을 간직한 채 평생을 살다 간 오드리. 그녀의 삶

의 방식에는 어른이 되면 늙는 것이 아니라 한층 더 변화하고 성

숙해진다는 메시지가 들어 있다.

끝없는
자기주장을 통한
창조

카미유 클로델 *Camille Claudel* 1864~1943

1864년 12월 8일, 카미유 클로델은 프랑스의 에느 지방의 외진 마을 빌뇌브에서 태어났다. 아버지 루이 프로스페르 클로델은 서른여덟 살로 등기소 공무원이었으며, 어머니 루이즈 아타나이즈 세르보는 의사의 딸로 남편보다 열다섯 살 연하였다.

카미유가 태어나고 2년 후에는 여동생 루이즈가 태어났고, 4년 후에는 남동생 폴이 태어났다. 클로델가는 매우 폐쇄적이었다. 자신들은 마을사람들과는 계급이 다르다는 의식을 갖고 있었다. 아버지는 카미유를 매우 아끼고 사랑했지만 카미유는 성격이 제멋대로인데다 난폭했다. 그녀는 가족들과의 언쟁에서 절대로 지는 일이 없었다. 남동생 폴이 지기 싫어해 계속 억지를 부리면 곧바로 손찌검을 했을 정도였다.

열두 살이 된 카미유는 점토세공에 몰두해 있었다.

"저, 조각가가 되고 싶어요."

그 말에 아버지는 만족스러운 듯이 고개를 끄덕였다. 아버지는 직업상 근무지를 자주 옮겼다. 그래서 카미유가 열일곱 살이 되자 자신은 바시에 남고 가족들은 모두 파리로 보냈다. 아이들에게 교육을 제대로 받게 하기 위해서였다. 당시 국립

미술학교에서는 여학생을 입학시키지 않았다. 할 수 없이 카미유는 콜라로시 미술학원에 입학했다. 그리고 조각가가 되기를 원하는 영국인 여학생 세 명과 함께 작업실을 빌려 그곳에서 작업을 했다.

1883년, 스승인 알프레드 부세의 소개로 카미유는 오귀스트 로댕을 만났다. 그때 카미유의 나이는 열아홉 살이었고, 로댕은 마흔세 살이었다. 그는 당시 화제의 인물이었다. 그의 작품 「청동시대 L'Age d'Airam」는 지나친 사실적 묘사로 인해 모델의 몸에 직접 본을 뜬 것이 아닌가 하는 소문까지 돌고 있었다.

로댕은 더부룩한 수염에 땅딸막한 남자였다. 그는 작품을 표현하는 데에는 뛰어났지만, 평소에는 말수도 적고 말투와 태도 역시 온화하고 조심스러웠다. 그는 그 무렵 세부르의 도자기공장에서 일하지 않아도 될 만큼 경제적 여유가 생겨 작품활동 의욕에 불타 있었다.

그는 미술학교 에꼴에 세 번이나 응시했지만 모두 실패하는 바람에 마흔 살까지 쓰라린 경험을 맛보았다. 그는 학교 교육을 믿지 않고 독자적인 교수법으로 작업실에서 도와주는 조수나 조각가를 지망하는 젊은 여성들을 지도했다. 그는 제자들에게 관찰이 가장 중요하며, 그 다음이 측면에서 본 얼굴 모습이라고 설명했다. 또한 조각상을 만들 때는 끊임없이 조소대를 돌리며 전체 형상과 더불어 모든 구성 요소들을 동시에 만들어야 한다고 말했다. 로댕의 지도를 받고 그해 두 여성이 프랑스 예술가 협회전에 입선했다. 그 중 한 명이 카미유였고, 작품명은 「B부인의 흉상」이었다.

1884년, 칼레시는 로댕에게 백년전쟁 때 영웅이었던 6명의 「칼레의 시민 Les Bourgeois de Calais」을 만들어달라는 주문이 들어왔다. 이 작품을 만드는 일은 대형 작업으로, 그는 구상을 계속하는 한편 이때 「카미유 클로델의 흉상」을 제작했다.

로댕과의 불꽃같은 만남

1885년, 그는 다시 카미유를 모델로 대리석으로 「새벽」을 완성했다. 로댕과 카미유와의 만남, 그 충격과 환희. 두 사람 사이에는 복잡한 사랑의 불꽃이 일었다. 특히 로댕은 그녀보다 스물네 살이나 연상으로 자신의 인생에 그녀를 등장시키는 운명의 장난에 신음했다.

로댕에게는 이미 20년간 함께한 로즈 뵈레라는 여인이 있었다. 그녀는 재봉사였는데, 열여덟 살에 그의 모델이 되었다. 로댕과 함께 살기 시작하면서 줄곧 그의 일을 돕는 것은 물론 병든 로댕의 아버지까지 간호하며 가난한 살림을 꾸려왔다. 그녀는 그의 생활에 없어서는 안될 존재로 오귀스트 뵈레 부렛 이라는 아들까지 있었다.

그러나 사랑은 아무도 막을 수 없었다. 로댕의 사랑은 곧 카미유의 사랑이기도 했다. 그의 강인한 품 안에서 카미유는 자신이 어떻게 되어도 상관없다고 느꼈다. 로댕 역시 생각지도 못했던 그녀의 등장에 자신을 잃어버렸다.

1887년, 카미유는 로댕의 작업실에서 「칼레의 시민」의 제작팀 조수로 일했다. 그녀는 하루 종일 묵묵히 일했다. 그 일은 조각가로 독립하기 위한 길이기도 했다.

로댕은 카미유와 작품에 대해 자주 의논했는데, 그녀는 자신의 아이디어를 아낌없이 로댕에게 제공했다. 그들의 관계는 주위 사람들에게는 비밀이었다. 하지만 작품에 나타나는 변화까지 숨길 수는 없었다. 로댕은 변했다. 이전에는 무관심했던 남녀를 테마로 한 작품이 갑자기 늘어나더니 여체의 관능미를 추구한 작품들도 태어났다.

서로 공감하고 함께 고민했던 두 예술가가 제작한 당시의 작품은 서로의 영향으로 너무도 흡사해서 도대체 누가 조각했는지 도저히 구분이 가지 않는 작품이 많았다. 마치 로댕이 조각한 듯한 카미유의 작품이 있는가 하면, 카미유가 조각한 듯한 작품에 로댕의 사인이 새겨져 있기도 했다.

둘은 조심스럽게 만났지만 두 사람의 관계는 차츰 주위에 알려지게 되었다. 그 사실을 모르는 건 오로지 카미유의 가족뿐이었다. 카미유는 자신의 인생에 일어난 드라마를 결코 어머니에게 말하지 않았다. 귀가가 늦는 딸을 꾸짖는 어머니와 말대꾸하는 카미유. 그들은 매일 그렇게 말다툼을 되풀이했다.

아버지의 부재도 있었지만 가치관과 인생관, 도덕관이 서로 다른 어머니와 딸 사이의 거리는 점점 멀어지기만 할 뿐이었다. 어머니 루이즈는 세 살 때 어머니를 잃었다. 그래서 모녀관계에 대해 잘 알지 못했다. 루이즈는 분노를 노골적으로 드러내는 카미유의 말에 어떻게 대응해야 할지 전혀 알지 못했다.

한편 카미유는 자신의 재능에 자신감을 얻었다. 오만하다고도 할 수 있는 그녀의 당당한 태도는 어머니 루이즈를 더욱 위축시켰다. 어머니 루이즈는 전통적으로 복종하는 삶이 최선이라고 여겼다. 그녀는 딸을 증오했다.

1888년, 스물네 살이 된 카미유는 마침내 집을 나왔다. 그녀는 로댕이 마련한 작업실에서 지내기로 했다. 얼마 후에 로댕은 두 사람의 밀회와 작품제작 장소로 적당한 파이얀관이라는 낡은 저택을 빌렸다. 그곳은 일찍이 프랑스의 낭만파 여류 작가이자 자유분방한 연애로 유명한 조르주 상드와 시인 뮈세의 은신처이기도 했다.

조각가 카미유의 분노

카미유에게는 괴상한 면이 있었다. 편안함에 익숙하지 않은 그녀는 그런 시간이 지속되면 갑자기 화를 내곤 했다. 그녀는 감정 기복이 워낙 심해서 종종 편안히 안기듯 기댔던 몸을 갑자기 벌떡 일으키고는 거친 표현들을 마구 쏟아내곤 했다. 처음에 로댕에게는 그녀의 그런 모습조차 사랑스럽게 느껴졌다. 하지만 마치 식후의 디저트처럼 매일 반복되는 그녀의 거친 행동에 차츰 지치기 시작하자 그는 아예 아무런 대꾸도 하지 않았다.

카미유의 분노에는 이유가 있었다. 로댕과 로즈 뵈레의 관계, 말과 행동이 일치하지 않는 로댕……. 카미유는 그런 그의 모습에 불만과 불안을 솔직하게 말하지 못하고 그렇게 에

둘러 표현한 것이었다.

카미유는 일단 한번 말을 꺼내면 절대로 자신의 의견을 굽히지 않았다. 비정할 정도의 호기심과 이기적인 독점욕, 카미유와 로댕은 너무나 닮아 있었다. 그래서 어쩔 수 없이 서로 매료되었고 대립했다.

조각 하나가 만들어지기까지는 꽤 많은 돈이 들었다. 최소한으로 계산해도 도구, 재료비, 주조공에 대한 지불, 골조와 주조비, 모델료 등의 비용이 반드시 필요했다. 카미유는 인도의 시인 칼리다사의 희곡에서 착안한 「샤쿤타라^{Sakuntala}」를 대리석으로 조각하고 싶었다. 하지만 돈이 없어서 대리석을 살 수가 없었다. 그녀는 문부미술성의 대신에게 편지를 보내 대리석을 지급해줄 것을 요청했다. 하지만 대리석이 지급되는 것은 국가에서 주문을 받은 작가의 경우에만 해당되기 때문에 카미유의 신청은 이례적이었다. 로댕의 제자라는 내용까지 첨부해서 보냈지만 결국 요청은 받아들여지지 않았다.

로댕은 신인 카미유를 세상에 알리기 위해 비평가에게 부탁하고, 수집가들에게도 작품을 구입해달라고 의뢰했다. 그러나 당시에 카미유의 재능을 꿰뚫어볼 정도의 눈높이를 가진 사람은 그다지 많지 않았다.

타인의 시선에 전혀 신경 쓰지 않은 카미유.
그녀는 어떤 상황에서도 무언가를 느끼면 바로 행동으로 옮겼다.

1892년, 스물여덟 살이 된 카미유는 로댕이 자신의 작품제작을 도와주고 있다는 논평에 매우 분노했다. 로댕과 로즈의 변함없는 관계에도 쉽사리 분노가 가라앉지 않았다.

1893년, 카미유는 로왈 강가의 트레느 지방에 있는 레르미트가의 이즐레트 성에 몇 달 동안 머물렀다. 로댕과 자주 방문했던 장소였다. 그녀는 이즐레트 성의 여주인의 손녀 마그리트를 모델로 「어린 소녀 샤틀렌(城主)」의 제작에 들어갔다. 카미유가 4년을 투자하여 완성한 이 작품은 소녀의 풀어헤친 머리를 아주 섬세하게 조각했다. 대리석으로 만든 조각상을 보고 로댕이 감동의 찬사를 보냈다.

"이 흉상을 보는 순간, 저는 경쟁심마저 느꼈어요."

그 무렵 프랑스의 외교관이자 시인인 동생 폴 클로델은 뉴욕의 부영사로 부임해 있었다. 카미유는 유일한 대화 상대를 잃고 날마다 계속되는 분노와 초조함을 잊기 위해 동생에게 편지를 띄웠다.

1894년, 서른 살이 된 카미유는 로댕이 추천해준 덕택에 조형미술부터 음악, 시까지 포함한 제1회 자유미학 전시회에 참가할 수 있었다. 그녀는 전시회에 「왈츠」, 「생각」 등 총 4점을 출품했다.

1898년, 서른네 살이 된 카미유는 이번에야말로 로댕과 헤어질 결심을 굳혔다. 그녀는 국제미술협회전에 그리스신화에 등장하는 나무 정령인 요정 「하마드리야스^{Hamadryas}」 등을 출품했다. 로댕은 「키스^{The kiss}」와 「발자크^{Balzac}」를 출품했다.

1899년에 카미유는 브르본 해안으로 이사했다. 그곳에서 그녀는 석고로 만든 「성숙의 연령」을 발표했다. 로댕이 한가운데 있고, 그의 양쪽에 로즈와 카미유를 배치해 누가 봐도 삼각관계를 표현한 작품이었다. 정부가 그 작품을 구입했는데, 지불이 늦어지는 바람에 카미유는 정부를 상대로 계속해서 편지를 보내야만 했다.

이런 분쟁으로 인해 카미유는 사생활이 폭로된 것을 원망한 로댕이 자신의 작품활동을 방해한다고 생각했다. 카미유는 또다시 새로운 분노를 느꼈다. 그에 대한 자신의 무기력함이 분해서 참을 수가 없었다.

1900년, 카미유는 파리 만국박람회에 작품 3점을 출품했다. 로댕은 자비로 로댕전시관을 만들어 170점이 넘는 자신의 작품을 전시했다.

그 무렵 동생 폴이 귀국했다. 그는 수도사가 되기 위해 수도원에 들어갔다. 하지만 자신의 희망대로 되지 않자 그는 다시 외교관의 신분으로 중국으로 떠났다.

1905년 카미유가 마흔한 살이 되었을 때 폴이 유부녀와의 사랑에 실패하고 중국에서 돌아왔다. 12월에는 카미유의 첫 개인전이 외젠 블로의 화랑에서 열렸다. 이때부터 카미유에게 서서히 편집증 증세가 나타나기 시작했다.

1906년, 카미유는 마흔둘이 되었다. 로댕의「생각하는 사람」이 판티온에서 제막식을 맞이했다. 정부는 카미유에게「상처받은 니오베」의 동상을 주문했다. 폴은 리옹의 교회 건축가의 딸 렌 생트 마리 페랭과 결혼했다. 그는 또다시 외교관의 신분으로 중국으로 출국했다.

마침내 카미유의 이름이 세상에 서서히 알려지기 시작했다. 로댕의 작품에 대해서는 악평이 자자했지만, 카미유의 작품은 혁명이라고 찬미하는 비평가도 나타났다. 하지만 경제적으로 고달픈 생활에는 변함이 없었다. 친구도 지인도 찾아오지 않는 작업실에서 카미유는 모델도 구하지 못한 채 밀린 집세에 허덕이고 있었다. 그러자 로댕이 중간에 사람을 시켜 몰래 집세를 내주기도 했다.

카미유는 고독 속에서 어둡고 슬픈 망상에 사로잡혔다. 로댕을 자신의 사람으로 만들고 싶었지만 그는 변하지 않았다.

카미유는 자기 자신부터 변해야 한다는 생각은 전혀 하지 못했다. 어렸을 때부터 카미유는 클로델 가문에서 지배자이자 독재자였다. 카미유는 왜 로댕이 자신을 이해하지 못하는지 이해할 수가 없었다. 로댕이 자신을 거부하고 로즈 뵈레를 선택한 이유도 알고 싶었다. 이런 피해망상과 과대망상이 카미유를 깊은 어둠 속으로 이끌었다.

카미유는 로댕을 악인으로 만들면서까지 자신이 겪고 있는 현재의 불행을 합리화시키려고 했다. 강렬한 정열의 소유자인 자신과 대등하게 재능을 견줄 만한 남자는 로댕밖에 없었다. 이들에게는 대역이 소용없었다. 그 사실을 카미유와 로댕은 너무도 잘 알고 있었다.

20세기가 되자 마침내 세상은 카미유를 뛰어넘었다. 하지만 카미유는 이미 세상도 애정도 믿지 않았다. 아버지와 남동생 폴이 약간의 생활비를 보내주었지만 궁핍한 생활에서 벗어나기에는 턱없이 부족했다. 작업실을 유지하기조차 힘들었던 그녀는 돈을 구하기 위해 사방으로 뛰어다니며 선불금을 받기로 하고 작품 주문을 받았다.

그 무렵 카미유는 매년 여름이 되면 지난 1년 동안 제작한 모든 작품을 하나하나 쇠망치로 깨트려버렸다. 좁은 작업실은 깨진 작품의 조각들로 엉망진창이었다. 여전히 돈 한 푼 없는 빈털터리 생활이 계속되었다. 옷차림에도 전혀 신경 쓰지 않았다. 그저 크고 진한 파란 눈을 아이라인으로 검게 그리고 억양이 없는 목소리로 로댕을 저주하며 혼자 중얼거렸다. 작업실은 거미줄이 가득하고 열두 마리나 되는 고양이들이 여기저기 뛰어다닐 뿐이었다.

가족의 외면, 쓸쓸한 인생

1913년 3월 2일, 그녀가 마흔아홉 살이 되었을 때 아버지가 세상을 떠났다. 카미유에게 연락이 온 것은 장례식이 끝난 후였다. 그리고 3월 10일, 구급차 한 대가 그녀의 작업실 앞에 멈춰서더니 두 명의 남자가 카미유를 강제로 구급차에 태웠다. 행선지는 파리 지역의 빌 에브라르 정신병원이었다. 4월 10일, 카미유의 재산 상속에 대해 의논하기 위해 가족회의가 열렸다.

1914년 8월, 제1차 세계대전이 발발했다. 다음 달에 카미유는 프랑스 남부의 몽파페에 있는 몽드베르그 정신병원으로 옮겨졌다. 카미유는 가족에게 편지를 썼다. 하지만 편지가 우체통에 제대로 넣어진다는 보장도 없었고, 그녀 앞으로 온 편지가 제대로 건네지는지도 확실치 않았다. 카미유는 사촌에게 편지를 썼다.

"비참한 최후로 향하고 있다는 생각이 들어요. 이렇게 될 바에는 그렇게 열심히 일할 필요도 없었고 뛰어난 재능도 필요 없었는데 말이에요. 돈은 전혀 제 손으로 들어오지 않아요. 여러 가지로 사는게 힘들어요."

카미유가 병원에 감금된 30년이라는 긴 세월 동안 어머니와 여동생 루이즈는 단 한 번도 그녀를 찾아가지 않았다. 카미유의 파리 생활이나 로댕과의 관계를 모두 부정적으로 여겼던 것이다. 1915년 1월에 그녀의 어머니 루이즈는 병원 원장에게 편지를 보내 다음과 같이 강력하게 부탁했다.

"카미유가 쓴 편지를 받는 사람이 누구든지 간에 일체 보내지 못하게 해주세요. 폴 이외의 사람과는 면회는 물론이고 편지도 주고받지 못하도록 엄격하게 금지해주세요."

동생 폴이 가끔씩 그녀를 방문했다. 하지만 그 역시 외교관 신분인데다가 시인과 작가로도 활발하게 활동하고 있었기에 누나에게 할애할 수 있는 시간은 그다지 많지 않았다.

폴 클로델은 카미유의 네 살 연하의 남동생이다. 그는 외교관이자 시인, 그리고 작가였다. 1905년, 그는 카미유에 대해 쓴 글에서 로댕과 카미유를 비교해서 말했다. 그는 로댕과 카미유의 예술은 같은 종류가 아니라 두 사람은 완전히 대립된 본질을 가지고 있으며, 로댕의 조각은 둔하고 무거운 동시에 물질적이라고 깎아내렸다. 그러나 카미유에 대해서는 순진한 상상력을 무한정 칭찬하면서 화려하고 자유로운 작품을 완성했다고 호평했다.

그런 그가 1913년 3월 2일에 아버지가 세상을 떠나자 장례식을 마치고 3월 5일에는 의사 미쇼를 만나 카미유의 정신병원 강제수용을 허락한다는 진단서에 서명을 했다. 3월 6일, 폴은 빌 에브라르 정신병원 원장과 만나 진단서를 놓고 상담했다. 새로운 가장이 된 폴이 어머니와 여동생의 채근에 못이겨 카미유를 정신병원에 수용시키기로 결정한 것인지는 알 수 없다. 그러나 그는 이미 몇 개월 전부터 병원 원장과 연락을 취하고 있었다.

어린 시절부터 카미유는 폴에게 보스처럼 행동했다. 함께 놀 때 폴은 늘 그녀의 부하 역할을 맡았다. 카미유는 절대적이어서 어쩌다 그가 반발이라도 하면 손찌검을 했을 정도였다. 하지만 그는 늘 그녀의 얘기 상대가 되어주었다. 대화를 나눌 때면 그는 늘 그녀의 이야기를 들어주는 역할을 맡았다.

카미유가 세상을 떠나고 1952년 폴은 라디오에 출연했다. 그는 먼저 온갖 미사여구를 동원해 그녀를 치켜세웠다. 카미유는 평범한 인간에게는 없는 에너지와 강한 의지를 가진 타고난 예술가였다고 말하며 그녀의 죽음을 애도했다. 카미유의 인생은 결국 좌절로 끝났다면서 유감스러워하기도 했다. 그리고 그녀에 비해 자신은 예술가로서 성공했다고 말했다. 폴은 카미유가 끝내 도달한 것은 성공이 아니라 병원이었다며, 30년간의 수용생활을 동정하기도 했다.

게다가 폴은 작가 로맹 롤랑의 아내 마리에게 보낸 편지에서 은연중에 암시하는 듯한 어조로 카미유의 임신 중절에 대해 확실하게 증언하고 있다. 그녀가 그 사실만큼은 타인에게는 절대 알리고 싶어 하지 않았는데도 말이다.

카미유가 뇌졸중으로 숨을 거두기 약 한 달 전, 폴이 면회를 왔다. 그녀가 위급했지만 그는 원장과 묘지에 관한 이야기는 나누지 않았다. 폴은 카미유를 클로델가의 묘지에 묻을 생각이 애초에 없었던 것이다.

카미유가 집에 돌아가고 싶다는 내용의 편지를 계속해서 가족에게 보냈지만 아무도 카미유의 귀향을 원하지 않았다.

이후 그녀는 두 번 다시 작품에 손대지 않았다. 점토를 주어도 만지려고도 하지 않았고, 그저 무기력한 반응만 나타낼 뿐이었다.

카미유의 입원비는 한동안 어머니가 지불했지만 나중에는 폴이 대신 했는데 그 후에는 그녀 자신의 상속분에서 지불되었다. 미술기금에서도 소액의 연금을 보내왔다. 로댕이 그녀를 위해 익명으로 보내준 돈이었지만 표면상으로는 미술기금이라고 했다.

카미유는 소녀 시절의 반항심과 초조함을 안고 사회로 나갔다. 로댕에게 도움을 받은 시기를 거쳐 아직 정신적으로 미성숙한 상태에서 조각가로서 평가를 받았다. 가족과 서로 미워하면서도 마음 한구석으로는 늘 사랑받고 싶어 했다. 카미유는 자신이 가족을 지배하고 있다고 생각했지만, 실제로는 지배당하고 있었다.

카미유는 자신이 정신병원에 수용된 것은 로댕의 사주 때문이라고 믿었다. 로댕이 자신의 명예가 실추될 것을 우려하여 카미유를 사회적으로 매장시켰다고 생각한 것이다. 그런 망상에 사로잡힐 정도로 그들의 관계는 깊고 복잡하게 뒤틀려 있었다. 어쩌면 서로 의존하고 있었는지도 모른다.

1929년, 어머니가 세상을 떠났다. 정신과 육체 모두 쇠약해져 있던 카미유는 건강상태가 더욱 악화되었고, 기억력도 차츰 저하되었다.

1943년 10월 19일, 카미유 클로델은 30년간의 병원 생활을 마치고 79세의 나이에 이름 없는 여인으로 숨을 거두었다. 시신은 행정법규에 따라 몽트베르그 병원의 전용 장소인 몽파베 묘지에 묻혔다.

전쟁이 끝난 후 조카가 그녀를 가족 묘지에 이장하고 싶다고 정부에 신청했지만 행정에 따라 무명자로서의 절차가 이미 끝났으며, 해당구획은 공용지로 접수되어 묘지는 이미 사라지고 없다는 답신이 왔다.

한편 로댕은 마흔네 살의 카미유가 정신병원에 들어간 해에 반신불수가 되었다. 4년 후인 1917년 1월 그는 로즈 뵈레와 정식으로 결혼했다. 그러나 로즈는 2월에 사망했고, 로댕은 11월에 숨을 거두었다.

그 후 모두가 사라진 1951년, 로댕미술관에서 첫 카미유 클로델의 전시회가 열렸다.

확실한 자기주장을 통해 걸작을 남기다

"나는 예술에 대한 이론적인 사항은 전혀 몰라요"라고 카미유는 말했다. 사실 그녀에게는 '이론'에 대한 지식이 크게 결여되어 있었다. 대신 그녀는 감정과 감각의 의식이 매우 풍부하여 위험할 정도로 예리했다.

그런 감각은 누군가에게 배운 것이 아니었다. 그녀는 태어났을 때부터 이미 조각가였다. 그녀는 자신의 감정과 감각이 움직이는 대로 점토를 주무르고, 머릿속에 떠오르는 이미지를 만들어 나갔다. 감수성과 상상력, 강인함과 용기 등 예술가로서의 모든 소질을 갖추었던 카미유는 열입곱 살에 파리로 향했다. 그녀는 도시라는 무대를 전혀 두려워하지 않았다. 그녀는 미술학교 동료들 중에서도 가장 자신감이 흘러넘쳤다.

열두 살 때 인생의 진로를 결정하고, 곧장 자신의 길을 향해 걷기 시작한 카미유는 항상 자신이 옳다고 생각했고, 그때마다 확실하게 자기주장을 펼쳤다. 그녀는 자신의 그런 행동이 때로는 누군가에게 상처를 주기도 하고, 누군가의 원망을 살지도 모른다는 생각은 전혀 하지 않았다. 카미유에게는 자신의 안에서 꿈틀거리는 열정을 밖으로 표출하는 방법이 조각이었으며, 또한 자기주장이기도 했다.

그런 카미유가 로댕과 만난 것은 열아홉 살 때였다. 그녀의 감정과 감각은 한꺼번에 최고조에 달했다. 사랑에 빠진 그녀는 온몸의 세포가 살아 꿈틀거리는 것을 느꼈으며, 가슴이 두근거렸다. 그녀는 사랑은 괴롭지만 행복하다고 생각했다. 그녀는 어떤 상황에서도 뭔가를 느끼면 그 순간 바로 행동으로 옮겼다. 그녀는 그렇게 밖에 다른 아무것도 할 수가 없었다.

로댕에게 카미유의 출현은 거의 기적이나 다름없었다.

'이런 여자가 있구나.'

'이런 재능의 소유자가 있구나.'

'이런 만남도 있구나.'

그가 미친 듯이 기뻐한 것은 당연하다. 로댕은 조각으로 마음의 외형을 표현했지만 카미유는 마음의 감정을 표현했다. 그 차이는 매우 컸다. 그녀의 가치를 알아볼 수 있는 사람은 오로지 로댕뿐이었다. 카미유도 그 사실을 잘 알고 있었다. 자신의 가치를 아는 사람은 이 세상에 로댕 이외에는 없다는 것을……

한창 사랑하는 연인 사이였을 때, 로댕은 카미유의 아이디어를 자신의 작품에 몇 번 응용했다. 당시 카미유는 그것을 기쁘게 생각했고 흥분도 했다. 예술가들의 연애가 극적인 파국을 맞는 건 숙명이다. 둘 중 한 사람이 창작을 포기하지 않는 한, 나란히 한 배를 타고 갈 수 없는 운명이다.

로댕이 로즈 뵈레와 헤어지지 않은 건 결코 카미유와의 관계를 소홀히 했기 때문은 아니다. 카미유에 대해 진심이었기 때문이었다. 로댕이 로댕인 이상, 카미유가 원하는 남자가 될 수는 없었다. 카미유 역시 마찬가지였다. 그녀는 누군가의 여자로 존재할 수 없는 여자였다. 그녀는 머리카락 한 올까지 카미유 클로델이 아니면 참을 수가 없었다.

한 사람의 조각가로서, 연인으로서, 여자로서 카미유는 무턱대고 사회로 뛰쳐나가 열심히 자기주장을 펼쳤다. 그녀와 만난 사람들은 시골의 투박함이 배어 있는 그녀의 순박한 말투와 쉰 목소리, 그리고 거친 동작과 어린애 같은 재치에 놀랐다고 말한다.

그렇게 카미유는 결코 타인의 시선 따위는 신경 쓰지 않았다. 그녀는 무방비 상태에서 솔직한 어투로 남자 중심 사회의 벽에 부딪쳐도 한 치의 양보도 없이 조각가의 권리와 의무를 주장했다.

그래서 그녀에 대한 반감은 갈수록 늘어났고 공감은 전혀 없었다. 유일하게 그녀의 가치를 인정한 로댕마저 그녀에게서 멀어졌다.

새로운 분노가 더 강한 자기주장을 낳은 것이다. 그리고 지금 카

미유의 자기주장은 그녀의 작품을 통해 들려온다.

불운에 정면으로
맞선
　　도전 정신

기예르모 칼로가 고향인 유럽을 버리고 새로운 희망을 찾아 멕시코에 도착한 것은 19세기 말이었다. 독일 출신 헝가리계의 기예르모와 스페인과 인디오계의 마틸데 칼데론은 1898년에 결혼했다. 기예르모는 첫 아내와 사별하고, 마틸데는 약혼자가 자살한 후였다.

두 사람 사이에는 네 명의 딸이 태어났다. 1907년 7월 6일에 태어난 셋째 딸의 이름을 프리다라고 지었다. 독일어로 '평화'라는 뜻이다. 기예르모는 마틸데의 아버지에게 사진기술을 배워 전문적으로 사진 찍는 일을 시작했는데, 마침내 정부의 첫 공식 카메라맨이 되었다.

세기가 바뀌자 기예르모는 다가오는 멕시코 독립 100주년 기념간행물에 필요한 자료를 수집하느라 무척 바빴다. 그런데 1910년에 멕시코혁명이 발발했다. 독재자 디아스 장군에 대한 분노와 정치의 민주화, 농지개혁, 노동자의 지위향상, 인디오의 복권 등을 쟁취하고자 한 투쟁이었다. 결국 혁명은 30년에 걸친 독재를 무너뜨리고 입헌 공화정을 세웠다.

1913년, 여섯 살이 된 프리다가 소아마비에 걸렸다. 오른쪽 허리에서부터 왼쪽 다리에 걸쳐 통증이 심해 도저히 설 수 없는 상태였다. 프리다는 어쩔 수 없이 몇 개월 동안 침대생활을 했지만 결국 오른쪽 다리에 후유증이 남았다. 프리다의 아픈 몸을 재활하는 데는 많은 돈이 들었다. 기예르모는 더 이상 멕시코 정부의 공식 카메라맨으로 일을 할 수 없었다. 그는 자신의 힘으로 스튜디오를 운영해야만 했다.

1914년, 제1차 세계대전이 일어났다. 이후 불안한 사회정세가 계속되었다.

1922년, 열다섯 살이 된 프리다는 에스쿠엘라 국립예비고등학교 입학시험을 치렀다. 에스쿠엘라는 라틴아메리카 최고의 교육기관이자 국립대학 병설고교로 잘 짜여진 교육과정과 장래의 멕시코 지도자층을 양성하는 곳으로 유명했다. 프리다는 시험에 합격했다. 학교가 있는 멕시코시티는 그녀의 집에서 꽤 멀었다. 프리다가 사는 코요아칸에서 학교에 가기 위해서는 장거리 전철 통학을 해야만 했다. 어머니 마틸데는 딸에게 필요한 것은 가사 능력과 가톨릭 교육이라고 생각했기에 기예르모의 사고방식을 이해할 수가 없었다. 그녀는 다른 딸들은 자신의 방식대로 가르쳤다.

학교에 입학한 프리다는 곧바로 '카추차'라는 학생클럽에 들어갔다. 카추차란 멤버들이 쓰고 있던 보트 모양의 모자와 관련하여 지은 이름이었다. 남학생 일곱 명, 여학생 두 명으로 이루어진 카추차클럽은 짓궂은 장난을 잘하기로 소문이나 있었다.

이들은 게오르크 헤겔과 프리드리히 엥겔스, 알렉상드르 뒤마, 도스토예프스키에 관해 늘 이야기를 나누곤 했다.

어느 날 당시 혁명가이자 유명한 화가인 디에고 리베라가 당시 학교 대강당의 벽에 프레스코화를 그리게 되었다. 1920년대 멕시코에서는 예술을 과학과 마찬가지로 진보를 위한 중요한 추진력이라고 생각했다.

카추차클럽 멤버들은 거대한 체격에 둥그런 눈, 그리고 커다란 웃음소리와 너덜너덜한 옷차림에 지저분한 구두와 불룩 나온 배를 가진 디에고를 놀려주기 위해 짓궂은 아이디어를 생각해냈다.

프리다는 계단과 복도에 비누칠을 했다. 멤버들은 디에고가 반드시 미끄러져서 넘어질 거라고 생각했다. 하지만 디에고는 체중이 많이 나가는 탓에 천천히 걸어 넘어지지 않았다. 그들의 장난은 실패로 돌아갔다.

1923년, 열여섯 살이 된 프리다는 학교 선배인 알렉한드로 고메스 아리아스와 첫사랑에 빠졌다. 알렉한드로는 잘생긴 외모에 비상한 머리, 화술이 뛰어나고 세련된 청년이었는데, 프리다보다 약간 연상으로 꽤 부유한 집 아들이었다. 그는 다소건방졌지만 그 점 또한 매력이기도 했다.

갑작스러운 사고, 그림과의 만남

1925년 9월 17일, 프리다는 열여덟 살이 되었다. 코요아칸과 멕시코시티 사이에 버스노선이 개통되자 프리다는 전철 대신 버스로 통학하기 시작했다. 어느 날 하굣길에 알렉한드로와 나란히 버스 뒷좌석에 앉은 프리다는 가슴이 두근거렸다. 버스가 교차로에 접어들었을 때 노면전차가 마주 달려오고 있었다. 버스와 전차는 서로 길을 양보하지 않은 채 계속 속도를 냈다. 버스가 먼저 지나가려고 한 순간 전차가 곧바로 전복되었다. 노면전차의 브레이크가 말을 듣지 않았던 것이다.

비명 소리와 함께 버스도 나뒹굴었다. 승객들은 여기저기 내동댕이쳐지고 주위는 온통 피로 물들었다. 알렉한드로는 충격으로 온몸을 사시나무 떨듯 꼼짝 않고 멍하니 서 있었다. 그때 근처에 있던 남자가 프리다의 몸을 관통한 강철봉을 빼냈다. 프리다는 움직일 수 없었다. 사고현장은 구급차의 사이렌 소리조차 들리지 않을 만큼 수많은 사람들의 신음소리로 가득했다. 적십자병원에서는 그녀를 수술하는 것조차 망설였다. 일단 수술실로 옮겼지만, 의사들은 아마도 프리다가 수술중에 사망할 것이라고 진단했다.

그러나 프리다는 살아났다. 언니들이 계속 그녀의 곁에서 간병했다. 어머니는 충격을 받은 나머지 거의 한 달 동안 실어증에 걸려 문병조차 올 수 없었다. 아버지 역시 갑작스런 프리다의 사고에 충격을 받아 딸을 만나는 데 스무 날이나 걸렸다.

프리다의 진료기록 카드에는 '요추 3번과 4번 골절. 골반 세 군데 골절. 오른쪽 다리 열한 군데 골절. 왼쪽 팔꿈치 탈구. 복부의 깊은 상처는 철 손잡이에 의한 것. 철봉이 왼쪽 허벅지 관절 부분으로 들어가 성기를 뚫고 나와 좌음순 파손. 복막 중상. 방광은 장기간 동안 긴 관의 삽입을 필요로 함'이라고 쓰여 있었다. 프리다는 9개월 동안 석고 깁스를 착용하라는 처방을 받았다. 더구나 퇴원 후에도 최소한 두 달 동안은 침대에서 안정을 취해야 한다는 지시까지 받았다.

그녀는 울었다. 아무리 울어도 그녀의 눈물은 마르지 않았다. 불운에 대한 분노와 슬픔, 아픔과 고통……. 그녀는 울고 또 울었다. 하지만 어느 정도 시간이 흐르자 우는 것도 지쳤다. 운다고 해결될 일도 아니었다. 그녀는 더 이상 인생의 밑바닥을 헤매고 싶지 않았다.

거리를 걷는 것을 좋아했는데 침대에 꽁꽁 묶인 채 3개월을 보내자, 프리다는 차츰 고통에 익숙해지는 자신을 느꼈다. 병원에서 집으로 옮겨진 후에도 하루에 4분의 3은 누워서 지냈다. 병원에서는 반듯이 누운 채 지내라고 지시했고, 앉는 자세는 금지되었다. 무의식중에 일어나려고 하면 심한 통증에 시달려야 했다. 그녀는 또다시 울었다.

치료는 입욕과 찜질, 그리고 마사지와 주사로 진행되었다. 여러 명의 의사가 제각기 다른 진단을 내리고, 다른 처치를 했다. 프리다는 화가 났다. 치료비용은 늘어나고 가계는 힘들어졌지만 가족들은 프리다를 걱정시키지 않기 위해 돈과 관련된 불필요한 이야기는 하지 않았다. 가족들은 면회도 일체 거부했다. 문병을 온 알렉한드로를 돌려보내고 프리다는 마침내 절망감에 한없이 울었다.

침대에서의 생활이 익숙해지자 프리다는 적극적으로 삶의 방법을 찾으려고 했다. 우선 의학 공부를 단념해야만 했다. 이제는 의사가 될 수 없었다.

9개월간의 깁스 착용이라는 처방에도 불구하고 12월이 되자 프리다의 몸 상태는 산책할 수 있을 정도가 되었다. 여전히 깁스를 착용한 모습이었지만, 그녀는 자신의 두 발로 땅을 딛고 서서 거리의 공기를 들이마셨다.

1926년 여름이 끝나갈 무렵, 프리다의 병세는 다시 나빠졌다. 다시 침대생활이 시작되었다. 병원에서는 몇 달 동안 석고 코르셋을 착용하고, 오른쪽 다리에는 인공 보조기구를 착용하라는 처방을 내렸다.

아버지 기예르모는 딸의 의지에 감동했다. 어렸을 때부터 말괄량이였던 프리다였다. 그녀는 학교성적은 좋았지만 우등생은 아니었다. 어머니 마틸데가 그녀를 위해 침대에 커튼을 달아 공주 스타일로 바꾸어주었다. 딸의 기분전환에 조금이라도 도움이 될 거라는 생각에서였다. 천정에는 커다란 거울이 달려 있었다. 프리다는 눈을 뜨면 싫어도 자신의 얼굴과 대면해야 했다. 그녀는 또다시 눈물이 흘렀다. 프리다는 거울을 노려보았다.

"이 얼굴, 그래, 이 얼굴을 그림으로 그리자."

주말이면 그림을 그리는 아버지 덕분에 화구나 붓은 그녀에게 익숙했다. 가족들은 프리다가 누운 채 그림을 그릴 수 있도록 침대의 커튼에 이젤을 매달아주었다. 어머니의 아이디어였다.

멕시코혁명이 일어난 후에 기예르모의 일은 부쩍 줄어들었다. 기예르모는 피아노와 악보, 장서 이외의 모든 물건들을 골동품가게에 내다 팔았다. 프랑스제의 가구와 도자기, 크리스탈 등이 프리다의 치료비에 들어갔다.

프리다의 사랑과 결혼

어느 날 그녀가 좋아하는 알렉한드로가 유럽으로 출국했다는 소식이 들렸다. 프리다는 울면서 자신의 절절한 마음을 담아 그에게 편지를 보냈다.

1927년, 스무 살이 된 프리다는 드디어 외출할 수 있게 되었다. 알렉한드로가 유럽에서 귀국했다. 하지만 그의 마음은 어느새 새로운 사랑을 향해 있었고, 다시는 프리다의 품으로 돌아오지 않았다.

1928년, 프리다는 공산당에 입당했다. 그녀는 학생 시절에 대강당에서 만난 적이 있는 거장 디에고 리베라의 작업장에 자신의 작품을 몇 점 안고 찾아갔다. 그가 자신을 제자로 받아주기를 바랐다. 그는 그녀의 그림을 가만히 응시했다.

"계속 그림을 그려봐. 의욕을 갖고 계속하면 자신만의 경지가 열린단다. 또 다른 그림도 있니?"

그가 물었다. 프리다는 그림이 집에 있다고 대답하고 집주소를 말했다. 디에고는 약속대로 다음 일요일에 프리다의 집으로 찾아왔다. 그는 그 후에도 몇 번인가 그녀의 집을 방문하며 가족과도 친해졌다. 디에고는 프리다에게 사랑을 호소했고, 프리다 역시 그를 유혹했다.

디에고는 미남형과는 거리가 멀었다. 오히려 추남에 가까웠다. 하지만 뭐라고 표현하기 힘든 예술가의 기운을 풍겼다. 공산주의의 투사로서도 카리스마가 있어서 자신의 모델로 일한 여자는 모두 애인으로 삼는다는 소문이 돌았다.

1929년 8월 21일, 스물두 살의 프리다는 마흔두 살의 디에고와 결혼했다. 프리다의 어머니는 '비둘기와 코끼리의 결혼'이라고 중얼거렸다.

재능, 정열, 반항심, 에너지, 욕망, 강인한 자아, 자유에 대한 갈망, 행동력, 독점욕, 질투심, 그리고 보헤미안……. 이 모든 점에서 프리다와 디에고는 비슷한 점이 많았다.

당시 잘나가던 디에고가 샌프란시스코와 뉴욕, 디트로이트에서 맡은 일로 동분서주하는 동안 프리다도 그의 옆에서 그림을 그렸다.

1932년, 프리다는 아이를 유산했다. 그리고 사랑하는 어머니가 세상을 떠났다. 2년 후 프리다는 발의 상태가 악화되어 몇 번이나 입원과 퇴원을 반복했다. 프리다는 아이를 무척이나 원했다. 그녀는 무슨 일이든지 포기하는 것을 정말 싫어했다. 어려운 문제가 눈앞에 닥치면 더욱 강하게 도전정신을 불태우는 성격이었다.

프리다가 오른쪽 다리 수술을 하고 다섯 개의 발가락을 절단해야 할 무렵, 디에고는 다른 여자들과 어울려 지내고 있었다. 하지만 프리다는 이미 그런 생활에 익숙해져서 더 이상 놀라지도 않았다. 그러나 여동생 크리스티와의 관계를 알았을 때는 충격이 커서 아무 말도 할 수 없었다. 실망한 프리다는 그와 거리를 두기 위해 혼자서 작은 아파트를 빌렸다.

그녀는 일본 태생의 미국인 조각가이자 디자이너인 이사무 노구치와 사랑을 했다. 프리다는 디에고의 눈을 피해 몇 개월간 이사무 노구치와 몰래 만났다. 이사무 노구치는 디에고가 공공연히 여자들과 염문을 퍼뜨리고 다니는데도 프리다가 그에게 신경 쓰는 모습을 보면서 도저히 이해할 수 없었다. 이사무 노구치와의 1년간의 연애는 디에고가 두 사람의 밀회 장소에 권총을 들고 들이닥쳤을 때 끝이 났다.

1963년 7월, 스페인 내전이 일어났다.

프리다는 몸 상태가 나빠져 오른쪽 다리 수술을 다시 해야 했다. 엄청난 수술비를 걱정하며 그녀가 중얼거렸다.

“이렇게 가다가는 파산하고 말 거야.”

하지만 디에고에게 수술비를 내달라고 할 수는 없었기에 그녀는 친구에게 돈을 빌렸다.

1937년, 러시아의 혁명가인 레온 트로츠키가 아내 나탈리아와 함께 멕시코로 망명했다. 디에고가 카르데나스 대통령에게 청하여 그들이 멕시코로 망명할 수 있도록 주선해주었다. 트로츠키 부부는 코요아칸에 있는 프리다의 친정집인 푸른 집에서 숨어 지냈다.

프리다는 추방당한 58세의 트로츠키에게 사랑을 느꼈다. 그 역시 불꽃같은 프리나가 매우 자극적이었다. 두 사람의 관계는 나탈리아 몰래 반 년 정도 계속되었다.

멕시코와 프리다

1938년 11월, 뉴욕의 쥘레리 비엥 화랑에서 개인전이 열렸다. 기간은 2주일이었고, 전시 작품은 25점이었다. 당시 미국의 유명한 사진작가 알프레드 스티글리츠와 그의 아내이자 화가인 조지아 오키프 등 각계의 유명인이 대거 방문하면서 전시는 대성황을 이루었다.

1939년 1월, 프리다는 혼자 파리로 갔다. 평론가이자 시인인 앙드레 브루통이 그녀에게 반해서 '멕시코 전'을 기획하여 파리의 피에르 콜르 화랑으로 그녀를 초청한 것이다. 그는 프리다 칼로야말로 초현실주의 화가라며 극찬했다.

파리의 잿빛 하늘은 프리다의 마음에 들지 않았지만, 예술가들과의 만남은 즐거웠다. 피카소는 즉시 디에고에게 당신이나 드랭, 그리고 자기 자신도 프리다처럼 얼굴을 표현하지는 못할 거라며 극찬을 써서 보냈다. 호안 미로와 칸딘스키도 그녀의 작품에 감동했다. 특히 손가락마다 모두 반지를 낀 독특하고 세련된 감각의 프리다 스타일은 파리 패션계에서 화제가 되었다.

당시 유럽은 한창 혼란스러웠다. 히틀러가 유럽 침략을 시작하자 이를 둘러싼 논쟁이 쏟아졌고, 파리의 카페에서도 온

프리다는 끊임없이 다가오는 불행에 맞서기 위해 그림을 그렸다.
운명이란 굴레의 희생자가 되기를 거부했던 그녀는 어디서나 자유로운 여자로 행동했다.

통 정치에 관한 화제뿐이었다. 그 모습을 바라보며 프리다는 초조함을 억누를 수 없었다.

"그들 사이에 있기보다는 멕시코 시장에서 토티야를 파는 편이 낫다고 생각해요. 이곳 사람들은 뭐라고 할까, 마치 진짜가 아닌 어색하고 부자연스런 모습이에요. 속이 메슥거릴 정도에요."

프리다가 고향으로 보낸 편지에는 파리에 대한 안 좋은 이미지만 쓰여 있었다.

프랑스 루브르박물관에서 유리에 그린 그녀의 작품「프레임」을 구입했다. 그 소식을 들은 디에고는 무척 뿌듯해 했다. 라틴아메리카의 어느 예술가의 작품보다도 프리다의 그림이 가장 먼저 선택되었기 때문이었다.

프리다는 멕시코 문화가 절대적이라고 생각했다. 그녀는 다른 나라가 결코 멕시코보다 뛰어날 수 없다고 생각했다. 프랑스인들 역시 프랑스가 제일이라고 생각하고 미의식에 대해 대단한 프라이드를 갖고 있었다. 결국 프랑스와 멕시코 모두 매우 배타적일 수 밖에 없었다.

프리다는 현저한 차이나 다양성에 무관심했다. 파리의 전통이나 질서, 가치관과 매너는 그녀에게는 너무 도회적이었다. 그 모든 것들이 프리다에게는 전혀 피부로 와 닿지 않았다. 마음이 불편해서 참을 수가 없었다. 멕시코에서는 마치 여왕 같은 기분으로 있을 수 있지만, 파리에서는 사람들이 아무리 잘 대해줘도 어차피 그녀는 외국인이었다. 그녀는 그러한 불안에 약한 모습을 보였다.

멕시코라는 대지 위에서 프리다는 불안 속에 편안함을, 불쾌감 속에 쾌감을, 그리고 불만 속에서 충족감을 찾아낼 수 있었다. 디에고의 배신조차 그녀에게는 애정의 증거였다. 이처럼 역설을 믿는 것이 그녀의 생활습관이었다. 요컨대 프리다는 감성대로 자유분방하게 산 게 아니라 자유분방하게 살기 위해 이성을 움직인 것이다. 그런데 파리에서는 그것이 통용되지 않았다. 파리는 프리다를 불안하게 했다.

프리다의 그림 소재는 자신의 현실이지만 구상과 표현은 상당히 이론적이다. 그래서 브루통은 프리다의 그림을 초현실주의로 분류하고자 했다.

초현실주의는 대상을 그 자체에 속하는 상태에서 분리하여 다른 상태로 바꾸는 것이다. 붓을 잡을 때는 좀 더 현실에 초점을 맞추고, 보는 사람에게 심한 충격을 주기 위한 의도와 실생활에서의 고뇌를 속속들이 드러내는 것은 피해야 한다. 어

쩌면 밝게 행동하는 프리다의 있는 그대로의 모습이야말로 초
현실주의였는지도 모른다.

그녀는 불행할 때 많은 그림을 그렸다, 이혼한 다음 다시
결혼하기 전까지 그녀는 브랜디를 매일 한 병씩 마실 정도로
술에 빠져 살면서도 다른 시기와는 비교도 할 수 없을 만큼 많
은 작품을 그렸다.

프리다는 사실 희로애락을 나타내는 감정 표현이 매우 서툴
렀다. 그녀는 최대한 독설로 자신을 위장하거나 농담으로 웃어
넘겼지만, 본심을 감추고 상처를 받을 때마다 울었다. 그녀는
머리로는 자유로운 삶의 방식을 추구했지만 육체적으로는 속
박되기를 원했다. 그녀는 사회, 연애, 성에 대해 편견을 갖고
싶지 않았다. 그 결과 디에고의 애인이었던 여자와 접촉하거
나, 화가 조지아 오키프와 한때 레즈비언 관계를 갖기도 했다.

자존심이 무척 강해 남에게 지는 걸 싫어한 프리다. 그녀는
자신의 운명 속에서 희생자만은 되고 싶지 않았을 것이다. 그
래서 어디에서나 항상 자유로운 여자로 연기했다. 그녀는 뒷
모습을 보여주는 것을 거부하고 싸웠다.

서른두 살에 프리다는 3개월간의 파리 생활을 끝마쳤다.
그해 말, 프리다는 디에고와 이혼했다. 그러나 그들은 끝내

헤어질 수 없었다. 둘은 다른 파트너로는 만족할 수 없었고 지루했다. 1년 후에 두 사람은 재결합했다. 하지만 성적인 관계는 일체 가지지 않는다는 조건을 달았다.

프리다는 여전히 심한 통증으로 고통스러워했다. 버스 사고의 후유증은 서서히 그리고 확실하게 프리다의 건강을 해치고 있었다. 열여덟 살 때부터 복용해온 모르핀의 진통 효과도 한계에 달했다.

머나먼 여행을 떠나다

1941년 12월, 아버지가 세상을 떠났다. 부부는 이때부터 프리다가 태어나고 자란 코요아칸의 푸른 집에 거주했다. 1943년, 서른여섯 살이 된 프리다와 남편 디에고는 문부성 회화조각학교 설립과 함께 교단에 섰다. 하지만 프리다는 몇 달 후에 등과 오른발의 통증이 심해 어쩔 수 없이 학교를 떠나야만 했다.

1944년과 1946년에 이어진 수술 후에도 프리다는 1950년부터 1951년 또다시 척추수술을 일곱 번이나 했다. 그녀는 마흔여섯 살이 된 1953년에 마침내 오른쪽 다리를 절단했다.

1954년 7월 2일, 그녀는 공산주의자 시위에 참가했다. 이 시위는 과테말라 정부가 미국 CIA에 의해 전복되는 것을 막기 위한 것이었는데, 그녀는 의사의 만류에도 불구하고 쏟아지는 빗속을 아랑곳하지 않은 채 휠체어를 타고 참여했다. 디에고가 그녀의 휠체어를 밀었다. 그리고 11일 후인 7월 13일 새벽, 폐렴 증세가 더욱 악화되어 그녀는 결국 머나먼 여행을 떠났다. 그녀가 마흔일곱 살이 된 지 일주일이 되는 날이었다.

프리다의 마지막 작품은 '인간만세'라는 제목의 수박 그림이다. 그녀의 일기 마지막 줄에는 이런 글이 적혀 있다.

'이 외출이 행복할 수 있기를, 그리고 다시 돌아오지 않기를…….'

국립예술궁전에서 프리다의 장례식이 거행되었다. 프리다는 아름답게 화장한 얼굴에 머리를 틀어 올리고 리본을 감았다. 양손에는 반지를 끼고 몸에는 아름다운 천을 두르고 있었다. 디에고가 멕시코 공산당의 붉은 천을 관 위에 덮었다. 이 행위는 결국 물의를 일으켰고, 국립예술궁전의 책임자는 이 일로 인해 사임해야 했다. 프리다의 시신은 유언에 따라 화장했다.

1955년 6월 29일, 아내가 죽은 지 채 1년도 되지 않아 디에고는 그의 거래 대리인이었던 에마 우루타드와 결혼했다. 1957년 11월 24일, 디에고는 자신의 작업실에서 뇌졸중으로 사망했다. 그는 이미 음경암에 걸려 있었다. 그는 자신의 유해가 프리다의 유해와 섞일 수 있도록 화장해주기를 원했지만, 그가 매장된 곳은 도로레스 시영묘지의 명사를 위한 원형 영당 안이었다.

1958년 그녀가 살던 푸른 집은 프리다 미술관으로 문을 열었다.

'야성'이라는 품격으로 살아 숨쉬다

프리다는 자신의 그림에 대해 경쾌한 터치가 아닌 천천히 참을성 있게 정성을 다해 그린 것이라고 말했다. 그녀는 그림 속에 자신의 고통의 메시지를 담았다. 또한 자신의 그림은 붓으로 그린 화가의 작품이라기보다 펜으로 그린 작가의 작품에 가깝다고 했다. 왜냐하면 일기를 쓰듯이 매일 그림을 그렸기 때문이다. 그녀의 작품은 그녀만의 완벽한 자서전이었다.

1925년 봄, 열일곱 살의 프리다는 미인에 머리 회전이 빠른 다소 건방진 느낌의 누가 봐도 신경 쓰이는 존재였다. 그녀에 대한 동급생들의 반응은 둘 중 하나였다. 그녀를 좋아하거나 아니면 싫어하거나……. 프리다에 대해 중립적인 감정을 가질 수 있는 동급생은 없었다. 그녀는 알렉한드로에게 보낸 편지에서 이렇게 말했다.

"친구들이 말하는 나에 대한 평판은 그다지 중요하지 않아. 나는 지금의 나를 좋아하니까."

그녀는 평생 지금의 자신을 좋아한다는 일관된 태도로 살았다.

그녀는 자신의 미래를 송두리째 앗아간 사고를 만났을 때에도 변함없이 지금의 자신을 사랑했다. 사고가 난 지 한 달 후에 프리다는 알렉한드로에게 다음과 같은 내용의 편지를 보냈다.

"그 몇 초 사이에 난 모든 것을 배웠어."

긍정적이고 정열적인 그녀의 생명력은 어떤 식으로든 칭찬받아 마땅하다. 그래서 프리다에게서는 잠재된 야성을 느낄 수 있다. 대초원을 달리는 사자나 기린과 같은 동물이 가진 야성과 훌륭한 오감. 즉 그들의 최상의 감각인 오감은 바람의 방향과 풀의 호흡, 그리고 태양의 움직임에 대응한다. 야성은 야만과는 다르다. 거칠지 않고 잔인하지 않다. 야성은 자연이 본래 있어야 할 모습으로 존재하기 위해 꼭 필요하다.

프리다의 야성이 풍기는 품격은 지상의 생물 모두가 풍기는 기품이다. 그녀의 그림 대부분이 기괴한 테마를 다루면서도 예술작품으로 계속 살아 숨 쉬는 것은 '야성'의 고품격 때문일 것이다. 사회나 일, 연애와 병마, 그리고 투병생활에도 절대로 길들여지지 않는 능력, 어떤 상황에서도 주도권은 프리다에게 있었다.

동물들에게는 죽음에 대한 공포심이 없다. 단지 산다는 것에 대한 목적만이 남아 그들을 두렵게 한다. 그들은 사는 것이 불가능해졌을 때 죽는다. 즉 '사느냐 죽느냐'의 선택이 아니라 끝까지 '사느냐', 이 한 가지다.

프리다의 삶의 방식도 마찬가지였다. 그녀는 끊임없이 살기 위해 치료를 받고 수술을 했다. 자신의 운명을 이기기 위해 그림을 그리고 사랑을 했다. 그녀는 자신을 초현실주의나 공산주의자와 같은 하나의 범주에 넣는 것을 싫어했다. 프리다는 늘 부정했다.

"저는 초현실주의가 아니에요. 공산주의자도 아니에요."

그녀가 목표한 것은 오로지 '프리다 칼로'였다. 어디까지 '프리다 칼로'가 될 수 있을지, 그녀는 자신의 운명과 개성에 도전했다.

그녀는 디에고의 세 번째 아내가 되어 10년 동안 함께 지내다 이혼했다. 다음 해에 디에고의 네 번째의 아내가 된 것은 다시 원래대로 돌아가기 위한 의미는 아니었을 것이다. 그와 함께함으로써 다시 운명을 극복하기 위한 힘이 솟아난다고 예견하고 내린 결단이 아니었을까.

그녀의 생애는 프리다와 디에고, 이 두 예술가의 투쟁은 아니다. 오늘의 프리다와 내일의 프리다와의 정체성 투쟁인 것이다. 그녀의 야성은 자신의 운명이 가장 오래 살 수 있는 길을 택했다. 그러기 위해서 프리다는 디에고에게 마초 기분을 만끽시키면서 한편으로는 그를 머슴처럼 자신에게 헌신하게 하여 자신의 운명을 정당하게 만들었다. 그래서 디에고는 프리다에게서 벗어나자마자 다섯 번째 결혼으로 도망칠 만큼 너무나 지쳐 있었을 것이다.

기성 개념과 체제에 대한 반항

코코 샤넬 *Coco Chanel* 1883~1971

가브리엘 샤넬은 1883년 8월 19일 프랑스 서남부의 작은 마을 소뮈르에서 태어났다. 아버지 아르벨은 마차에 자질구레한 일용품을 싣고 여기저기 팔러 돌아다니는 행상인이었다. 어머니 잔느는 이웃집 세탁이나 집안일을 해주며 근근히 생계를 이어갔다. 작은 딸 가브리엘이 태어났을 때 그들은 아직 정식으로 결혼도 하지 않은 상태였다.

서른세 살에 잔느가 병으로 세상을 떠나자 아르벨에게는 세 명의 딸과 두 명의 아들이 남겨졌다. 항상 잔느를 힘들게 했던 아르벨은 집에 들어오지 않았고, 친척들은 아이들을 냉대했다.

결국 열두 살의 가브리엘과 큰 딸 줄리아는 오바잔느의 마리아 성심수도회가 운영하는 고아원에 맡겨졌다. 가정이 없는 아이에 대한 세상의 냉대는 매우 심했다. 하루하루 엄격한 규칙에 얽매인 생활 속에서 소녀 가브리엘이 체험한 굴욕감은 상상을 초월했다.

아무도 자신들을 지켜주지 않는다는 사실에 대한 분노와 불안, 누군가에게 인정받고 싶다는 욕망, 그리고 가난에 대한 혐오와 수치심으로 가브리엘은 입술을 깨물었다.

열일곱 살이 된 가브리엘은 속옷 전문점에 입주 점원으로 고용되었다. 그곳에서는 의류 주문도 받았는데, 그녀는 바느질 견습생으로 일했다.

물랑이란 곳은 성직자와 군대의 마을로 프랑스 최고의 남성미가 흐르는 기병 제10연대가 주둔하고 있었다. 파리에서 만든 그들의 군복은 아름다웠다. 하늘색에 검은 장식 끈이 달린 윗옷, 세 개의 금단추, 긴 외투, 그리고 빨간 승마바지……. 군복에 달린 끈을 수선하거나 단추를 바꾸어 달기 위해 젊은 사관들이 가브리엘이 일하는 가게에 자주 찾아왔다.

가브리엘은 어려서부터 가수를 꿈꾸어왔다. 그러다 마을의 한 카바레에서 노래를 하게 되었다. 가수 지망생 가브리엘이 알고 있는 노래는 Ko Ko Ri Ko와 Qui qu'a vu Coco dans le Trocadero 두 가지뿐이었다. 그녀는 쉰 듯한 목소리로 「코코리코」의 1절을 반복해서 불렀다. 손님들은 매일 밤 "코코!", "코코!"를 외쳤다. 이렇게 해서 코코가 그녀의 애칭이 되었다. 그러나 얼마 지나지 않아 그녀는 자신이 가수로서 자질이 없다는 것을 깨닫고 첫 번째 꿈을 접었다.

코코는 1903년에 만난 에티엔 발장과 관계가 깊어졌다. 그는 코코보다 다섯 살이나 연상이었고, 자산가의 아들로 독신이었다. 발장은 프랑스 상류계층의 매너와 말투, 행동에 익숙했으며, 마술(馬術)에 능숙했다. 발장과 같은 상류계층의 남자들 사이에서는 애인을 만들고, 그 애인을 돌봐주는 일이 일종의 특권이었다. 그는 코코에게 살 집을 마련해주고 경제적으로 돌봐주었다.

애인에게도 격차가 있었다. 코코는 발장의 비공식 애인이었다. 자신은 애인이지 고급 창녀가 아니라는 자존심을 의상으로 증명해 보이려고 했다. 코코는 테라누 정장을 마음에 들어 했다. 창녀는 절대로 그런 옷은 입지 않는다. 코코의 패션에는 이미 이때부터 앞으로 어떻게 인생을 살아갈지에 대한 의식이 나타나기 시작한 것이다.

얼마 후 코코는 발장의 애인 생활이 따분해지기 시작했다. 코코가 생활환경을 바꾸어보고 싶다고 하자 발장은 난처해 했다. 그는 그녀에게 취미 삼아 모자를 만들어보라고 제안했다. 전에도 그녀가 친구들에게 모자를 만들어주면 호평을 받았기 때문이었다.

1908년, 발장은 자신이 전에 빌려둔 파리 마르제르브 거리에 있는 아파트를 코코에게 제공해주었다. 드디어 그녀의 모자가게가 문을 열었다. 당시에는 오스트릿치의 깃털 장식이나 장미 모양을 한 망사 직물, 빌로드의 나비 매듭을 단 모자가 유행하고 있었다.

하지만 코코가 만든 모자는 극히 단순하고 독특했다.

"도대체 그 모자, 어디서 산 거야?"

여자들은 독특한 디자인의 모자의 출연에 흥분했다. 매일 손님들이 밀어닥쳤다. 발장이 애인에게 단순히 취미생활로 권했던 일이 생각보다 커지고 말았다. 코코가 가게를 확장하고 싶다는 말을 꺼내자 그녀가 일하는 걸 탐탁하게 여기지 않았던 발장과의 관계는 끝나고 말았다.

발장을 대신해서 코코에게 출자를 해준 이는 발장의 친구인 아서 카펠이었다. 그는 거액의 유산을 상속받은 부유한 영국인으로 코코의 성격과 재능에 성원을 보내며 새로운 후원자로 등장했다.

1913년, 코코는 피서지 도빌의 중심에 부티크를 출점했다. 그녀는 모자만 만드는 것보다 스포티한 옷을 만들고 싶었다. 남자의 유행을 채택하여 여자다움을 표현하는 것이 코코의 콘셉트였다.

1914년 여름, 제1차 세계대전이 일어났다. 전쟁으로 프랑스가 자랑하던 아름다운 성이 차례로 불타고, 파리는 대혼란에 빠졌다. 상류사회의 부인들은 일제히 도빌의 별장으로 숨어들었다.

코코, 패션계의 스타가 되다

전쟁중에도 유일하게 코코의 가게 '샤넬'만이 영업중이었다. 코코는 부인들에게 자신이 입고 있는 스타일의 옷을 권했다. 걷기 쉬운 스커트, 경쾌한 셔츠블라우스, 장식이 없는 밀짚모자, 그리고 롱부츠 스타일의 힐이 달린 단화. 샤넬에는 지금까지의 유행과는 발상이 전혀 다른 옷들이 진열되어 있었다.

당시는 언제 위기가 닥칠지 모르는 위험한 상황이었다. 여자를 지켜줄 남자들은 모두 전쟁터에 나가고 없었다. 자신들을 지켜주기는커녕 마차도 제대로 다니지 못하는 전시상황이었기에 여자들이 실용적인 샤넬의 옷을 선택하게 된 것은 어쩌면 당연한 현상이었다.

코코의 가게는 고객이 앉을 자리도 없을 만큼 대성황을 이루었다. 여자들은 서로 공포를 이야기하며 두려움에 떨기도 하고 분노하기도 했다. 옷으로 기분을 달래는 것 이외에는 아무

것도 할 수 없었다.

드디어 코코는 완전히 독립하여 당당하게 자신의 길을 걸었다. 그녀는 이제껏 아무도 생각지 못했던 저지 원단을 이용하여 옷을 만들었다. 저지는 저렴하면서도 착용감이나 신축성, 세탁성이 뛰어난 면직물로 굉장히 실용적이었다. 물론 결과는 대성공이었다.

1916년, 코코는 서른셋의 나이에 비아리츠에 출점했다. 직원은 300명이었다. 주문은 예상을 훨씬 뛰어넘었다. 그곳에서 가브리엘은 '코코 샤넬'이라 불리며 파리 패션계의 스타가 되었다.

그녀가 만든 옷의 칼라에는 주름도 장식도 없었다. V넥으로 목이 드러나 보였다. 퍼프 슬리브와도 차별되었다. 베일이나 양산 대신 차양이 넓은 모자가 포인트였다.

헤어스타일도 변화하여 숏커트가 유행했다. 지금으로 말하자면 보브 스타일이다. 코코는 한 손에 가위를 들어 과거에 유행했던 불필요한 장식들을 과감하게 잘라내고, 여자의 옷에 대한 관념을 대전환시켰다. 이제 긴 치맛자락을 끌며 걷는 여자는 사라졌다. 옷은 혼자서 입고 벗을 수 있어야 했다.

'나는 아무도 닮지 않았어.'

‘나는 다른 사람들과 똑같지 않아.’

어린 시절부터 스스로에게 계속 중얼거려온 코코의 디자인은 항상 그 시대의 패션 체제에 대한 반항으로 태어났다. 그녀 이외의 다른 누구도 도전할 수 없는 대담함으로 코코는 옷의 진부함을 벗어던졌다. 그녀가 자신의 디자인을 통해 보여준 것은 종교인이라면 이단자로서 벌을 받을 정도로 대단한 차별성을 보여준 것이었다. 코코는 패션계의 기존개념을 파괴한 것이나 다름없었다.

바짝 조이는 코르셋, 번쩍거리는 보석, 하늘하늘거리는 천, 파스텔 컬러…… 코코는 미의식에 있어 유행에 상관없는 기본적인 틀에 반발했다. 그녀는 몸의 라인을 가려버리는 복장과 걷기도 힘든 과다한 옷차림에 분노를 느꼈다.

메종 샤넬의 부활

코코는 옷이 재력과 신분을 과시한다는 걸 참을 수 없었다. 옷은 좀 더 자유로워야 한다고 생각했다. 코코는 과거의 역할에서 옷을 해방시켰다. 특별히 여자들을 위해 시도한 일은 아니었지만 당시의 여자들 역시 자신들의 의상에

코코는 과다한 옷차림을 참을 수 없었다. 기존의 패션 체제에 반항하여
옷의 진부함을 던져버리고 실용과 자유로움을 추구했다.

대해 무의식적인 반감을 가지고 있었다. 그녀들은 코코의 제
안에 찬성했다.

1917년, 코코를 이해하고 후원해준 사람으로 그녀가 결혼
상대로까지 생각했던 아서 카펠이 돌연 영국 귀족의 딸과 약
혼을 발표했다. 코코는 큰 충격을 받았다. 그녀의 분노는 쉽
게 가라앉지 않았다. 그러나 카펠이 결혼한 후에도 그녀와 애
인으로서의 관계는 계속되었다.

1919년, 카펠이 자동차 사고로 죽자 이제 그녀가 믿을 수
있는 것은 일밖에 없었다. 일은 배신도 하지 않고, 사람처럼
죽지도 않으며, 투자한 시간과 정열만큼 확실하게 보답해주기
때문이었다.

1920년, 코코는 러시아의 마지막 황제 니콜라이 2세의 사
촌동생인 디미트리 파브로비치 대공과 만남을 가졌다. 그녀는
열한 살 연하인 그와 1년간 함께 지냈다. 그녀가 디자인한 다
양한 상품에 따라 러시아 패션의 꽃이 피고 졌다. 슬래브의 매
력을 파리풍으로 만들어 러시아의 전형적인 외투 루파시카가
세련된 블라우스로 다시 태어났다.

1021년, 코코는 샤넬제국의 자랑인 '샤넬 No.5' 향수를 발
표했다. 향기가 금방 사라지지 않고 오랫동안 지속되게 개발

했다. 향수병 역시 다른 가게의 용기와 차별화를 두었다. 네모난 형태의 크리스탈 향수병에 심플한 상표, 그리고 상품명도 참신했다.

코코가 맺는 사교 관계의 범위는 차츰 넓어졌다. 당시 코코가 만난 인물들로는 웨스트민스터 공작, 장 콕토, 러시아의 발레 프로듀서이자 무대미술가 디아길레프, 러시아 출신의 미국 작곡가 스트라빈스키, 피카소, 프랑스의 소설가이자 시인 라디게, 이탈리아의 영화감독 비스콘티, 화가 살바도르 달리 등이 있다.

어떤 장소에서 누구를 만나도 코코는 말을 잘했고 어투는 신랄했다.

"나는 늘 화가 나 있어요."

스스로 그렇게 말했던 것처럼 그녀는 늘 화가 나 있었다. 그녀의 말투는 공격적이었고, 용서가 없었다. 그런데 너무 공격적이었기에 오히려 특이한 존재로 받아들여졌고, 무서운 존재라는 이미지를 심어주었다.

1925년, 파리 국제 알데코전이 개최되었다. 새로운 생활양식이 발표되면서 의복이 좀 더 활동하기 편한 옷으로 변하기 시작했다.

한편 '메종 샤넬'의 리틀 블랙드레스가 미국의 『보그』지에 소개되면서 주목을 받았다. 그 무렵 코코의 연애 상대는 영국의 웨스트민스터 공작이었다. 그는 당시 두 번째 이혼을 한 상태였다. 코코는 처음에는 그의 프로포즈를 받고 냉정한 반응을 보였지만, 어느 날 요트 데이트 이후로 두 사람의 관계는 급진전되었다.

1926년부터 1931년에 걸쳐서 샤넬의 옷은 영국풍이 되었다. 화려하진 않지만 고급스럽고 세련된 디자인의 트위드 재킷, 블레이저 코트, 스웨터 등이 파리 여자들의 일상으로 당당히 들어왔다.

웨스트민스터 공작은 자신의 대를 이어줄 자식을 원했다. 당시 코코는 마흔여섯 살이었다. 그녀는 그의 희망을 들어주기 위해 여러 명의 의사들을 찾아다녔다. 그러나 공작은 귀족의 딸과 세 번째 결혼을 했다.

코코의 기대는 또다시 실망으로 바뀌었다. 실망과 배신감이 컸지만 일에 대한 열정은 멈추지 않았다. 이제는 할리우드에서도 그녀를 필요로 했다.

1936년, 세상은 불안한 공기로 휘감기기 시작했다. 부유층에 대한 반감, 군사산업의 국영화, 프랑스은행의 정관 개정

등으로 혼란스러운 분위기였다. 그리고 파리 거리는 데모에 돌입했다. 메종 샤넬에서 일하는 1,000명의 종업원도 일을 거부했고, 섬유업계도 따라서 파업에 돌입했다.

그들의 분노에 코코는 분개했다. 그녀는 이해할 수가 없었다. 파업에 앞서 종업원들이 자신들의 급료가 타당하지 않다고 교섭을 요구했을 때도 그녀와는 이야기가 통하지 않았다. 코코에게 종업원이란 이해할 대상이 아니었다. 그녀는 그들의 주장에 귀를 기울일 생각조차 없었다. 그녀는 자신에게 이용가치가 있는 인간 관계 이외는 그저 귀찮을 뿐이었다. 1939년, 그녀는 종업원을 해고한 뒤 액세서리와 향수 부문만 남기고 가게를 닫았다.

코코는 목걸이와 귀걸이를 몸에 걸치듯 여러 친구들과 사랑의 스캔들에 휩싸여야만 안심이 되었다. 특히 그녀는 재능과 혈통을 존중했다.

제2차 세계대전이 일어났다. 코코는 열세 살 연하의 독일군 장교 한스 군터와 만나 3년 가까이 함께 지냈다.

1944년, 파리가 해방되었다. 코코는 독일에 협력했다는 혐의로 심문을 받았다. 그녀는 다음 해에 스위스로 이주했다.

1954년, 코코가 일흔한 살 때 메종 샤넬이 부활했다. 하지만 프랑스 사교계의 관심은 이제 샤넬보다 신상품인 디올에게 향해 있었다. 코코의 컬렉션은 참패했다. 언론에서는 기다렸다는 듯이 코코의 디자인이 유행에 뒤처졌다며 그녀를 비판했다.

이제 메종 샤넬을 찾아오는 손님은 없었다. 하지만 코코는 결코 화를 내지 않았다. 참담한 반응에 어깨가 축 처지기는 했지만 어느새 몸이 뜨거워지면서 도전에 대한 욕구가 다시 솟아올랐다.

"나는 계속하고 싶어요. 계속 이기고 싶어요."

그녀는 주위 사람들에게 그렇게 말하며 호시탐탐 기회를 노렸다. 참을성은 그녀의 특기였다. 이윽고 좋은 소식이 들려왔다. 미국 여자들 사이에서 메종 샤넬의 반응이 좋았던 것이다. 가장 많은 독자를 가진 『라이프』지가 샤넬룩에 관해 '71세의 코코 샤넬은 유행 이상의 패션혁명을 일으키고 있다.'라고 쓴 것이다.

1963년, 미국 대통령 존F. 케네디가 암살되었을 때 그의 피가 옆에 앉아 있던 재클린 케네디의 핑크색 샤넬 정장을 붉게 물들였다.

코코는 만년에 거주한 리츠호텔과 일터를 매일 오가며 묵

묵히 일했다. 가끔 눈에 보이지 않는 상대와 대화를 하거나 혼
잣말을 하는 등 몽유병 증세를 보이기도 했다. 네글리제와 파
자마를 가위로 조각내버리기도 했다. 흐트러진 모습으로 호텔
복도를 헤매고 있는 모습이 목격되기도 했다.

　　코코 샤넬의 생전에 그녀의 생애를 책으로 쓰려
는 시도가 몇 번 있었다. 작가와 저널리스트가 그녀에게 직접
이야기를 듣고 한 권의 책으로 정리하려는 기획이었다.

　하지만 정작 기획을 진행하는 단계가 되면 반드시 같은 문
제가 발생했다. 코코가 말하는 추억담이 매번 달랐던 것이다.
그녀는 어린 시절의 가정환경과 성장과정에 대해 말할 때마다
옛날 이야기를 조작하고 결코 진실을 말하지 않았다.

　코코의 기억이 흐려진 탓이 아니었다. 일부러 거짓말을 한
것이었다. 코코는 어린 시절의 비참한 자신을 숨기기 위해 밝
고 귀여운 다양한 에피소드를 섞어서 옛날 이야기를 창작했
다. 거짓말은 습관처럼 또 다른 거짓말을 낳았다.

　"스무 살의 얼굴은 자연이 준 거예요. 서른 살의 얼굴은 당

신의 생활에 따라 달라지죠. 그리고 쉰 살의 얼굴에는 당신 자신의 가치가 나타나요."

빛나는 쉰 살의 코코가 한 그 말에는 설득력이 있었다. 그러나 그녀는 유명한 코코 샤넬이 된 이후에도 여전히 과거의 망령에 고통스러워했다. 잊으려고 할수록 과거의 기억이 되살아났다. 코코의 의식에서 가난과 비참함, 그리고 불행은 배척하고 싶고 관여하고 싶지 않은 가장 싫은 세 가지였다. 그녀는 평생 자신의 과거와 마주할 수 없었다. 요컨대 자기 자신과도 마주할 수 없었던 것이다.

"나는 내성적이에요. 내성적인 사람은 말을 많이 하죠. 왜냐하면 침묵을 견딜 수 없기 때문이에요. 나는 침묵을 깰 수 있다면 어떤 바보 같은 말이라도 할 거예요."

코코는 타인을 상대로 열심히 떠들어대다가 혼자가 되면 중얼중얼 독백을 했다. 연약하고 불안한 소녀 시절의 가브리엘로 돌아가버리는 것이었다. 코코는 종교시설에서 자랐기에 거짓말에 대한 죄책감이 남보다 강했다. 그럼에도 불구하고 코코는 이렇게 말했다.

"나는 신에게조차 진실을 말해본 적이 없다."

마드모아젤 샤넬. 일흔일곱 살의 코코를 주위 사람들은 그렇게 불렀다. 파리의 컬렉션에서는 웨딩드레스가 피날레를 장식하는 관례가 있었지만 마드모아젤 샤넬은 한 번도 그 스타일을 따른 적이 없었다.

그녀는 소녀 시절부터 기존 개념이나 세상의 법칙에 대해 분노와 혐오감을 품고 적의에 불타 있었다. 그 힘이 당시의 여자들을 속박했던 코르셋과 프릴, 깃털 장식으로부터 벗어나게 했다. 그것은 20세기 초반의 여성들에게 자유를 부여한 것으로 관습의 해방을 의미한다.

"나는 20년 일찍 태어났어."

코코는 자신이 일으킨 혁명을 어디까지 이해했을까? 만일 20년 늦게 태어났더라면 패션혁명을 일으키는 건 코코의 일이 아니었을지도 모른다.

1971년 1월 10일 일요일 밤, 함께 거주하던 하녀의 도움을 받아 옷을 갈아입고 침대에 오르려다 그녀는 비통한 절규를 했다.

"나, 이렇게 죽는 거야?"

그날 코코의 호흡이 정지했다. 그녀의 나이 일흔일곱 살이었다. 유언대로 그녀는 스위스의 로잔느 묘지에 묻혔다. 한 시대를 풍미한 예술가, 정치가, 지식인들과 어깨를 나란히 하며 창조적인 삶을 살다간 코코의 대리석 묘비에는 본명 가브리엘과 그녀의 별자리인 사자의 머리가 다섯 개 새겨졌다.

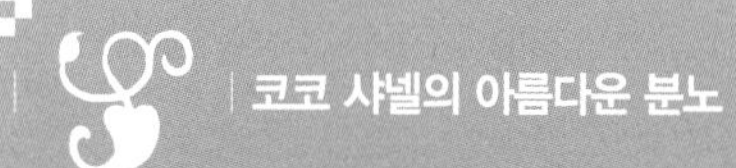

모든 만남은 기회의 첫걸음이다

"출세하고 싶다는 생각은 꿈에도 하지 못했어요. 세상에 나온 나는 아이나 마찬가지였으니까요. 사회가 어떤 것인지 알지 못했고, 아무런 생각도 없었어요."

만년에 코코가 한 말이다. 마치 세상물정 모르는 천진난만한 아이가 아무런 욕심 없이 오로지 자신의 길만을 걷다 보니 어느새 성공했다는 말투지만, 실제로는 아마 그 반대였을 것이다.

가정이라는 걸 모른 채 종교시설에 맡겨졌던 그녀는 주위 사람들에게 불쌍하다는 말을 듣거나 또는 그런 시선을 받을 때가 많았다. 소녀 코코가 절대로 용서할 수 없었던 순간이 바로 그때였다.

가련함에 대한 반발과 차별에 대한 분노는 쉴 새 없이 작은 그녀의 온몸을 흔들었다.

'그런 실례되는 말을 하다니…… 나는 결코 불쌍하지 않아. 내 기분을 당신들이 알기나 해? 그래 좋아. 앞으로 두고보자구. 더 이상 불쌍하다는 말은 못하게 할 테니까.'

소녀의 마음속에는 세상에 대한 복수의 불꽃이 활활 타올랐다. 그녀는 어서 빨리 어른이 되고 싶었다.

그녀가 사회에 나와 처음 근무했던 가게에는 옷이 진열되어 있었다. 코코가 처음부터 옷을 좋아했던 건 아니었다. 운명처럼 옷이 그녀를 선택한 것인지도 모른다.

그녀는 항상 다른 사람들이 전혀 생각지도 못한 새로운 아이디어를 떠올렸다. 생각이 떠오르면 즉시 행동으로 옮겼다. 과다한 장식이 달린 드레스의 달콤함을 없애고 실용성을 부각시켰다.

자신의 생각에 주위 여자들이 흥분하는 것을 알고 코코는 자신감을 가졌다.

"그래. 이거면 됐어. 이렇게 밀고 나가면 되는 거야."

그와 동시에 그녀는 자신에게 교양이 부족하다는 것을 깨닫고 곧바로 독서에 빠져 자기교육에 힘썼다.

"나는 비평을 아주 좋아해요. 내가 비평하지 않는 날이 온다면 그때는 내 인생도 끝이에요."

그 말대로 그녀는 천부적인 직감과 독학으로 얻은 지식을 펼치며 상대를 제압하고 부정하는 달인이 되었다. 메종 샤넬이 성공할수록 그녀의 신랄한 말투에는 탄력이 붙었다. 당시 여자들이 결코 입 밖에 내지 않는 독설로 코코는 상대의 말을 반박했다. 남자들은 그녀에게 재능이 있다며 감탄하며 재미있어 했다. 그녀의 독설

화법은 귀족 남자들의 기분을 상하게 하지 않았다. 그들은 우아한 여자들의 잘난 척하는 말투에 이미 질려 있었다.

여기에 코코의 성공 비밀이 있다. 그녀는 만남에 대해 전혀 두려워 하지 않았다. 상대가 자신의 어떤 면에 흥미를 갖고 있는지 재빨리 파악하고 당당히 만남에 도전했다. 상대의 신분과 재력을 이용하는 것이 아니라 항상 반반의 거래를 함으로써 코코는 하나의 만남을 반드시 하나의 기회로 바꾸어 한 단계씩 올라갔다. 그것이 그녀의 삶의 방식이었다.

코코에게는 전쟁조차도 만남이었다. 아주 크고 특별한 만남이었다. 사업가 코코 샤넬은 무척 현명했다. 그녀는 여배우와의 만남도 소중하게 생각했다. 잉그리드 버그만, 잔느 모로, 로미 슈나이더 등에게는 무료로 옷을 제공하며 홍보모델로서 효과까지 얻어냈다.

차별과 위선에
저항한
　강한 의지

에디트 피아프 *Edith Piaf* 1915~1963

거리에서 노래하는 어린 참새

1915년 12월 19일 이른 아침, 에디트는 파리 근교에서 태어났다. 아버지 루이 알폰스 가시옹은 거리의 서커스 곡예사였으며, 어머니 리누 마루사는 길거리 가수였다. 어머니는 에디터가 아직 어렸을 때 어디론가 떠나버렸다.

불쌍한 소녀는 친할머니가 장사하는 사창가에서 자랐다. 창부(娼婦)들은 에디트를 무척이나 귀여워했다. 엄마를 잃은 소녀에게 갑자기 여러 명의 엄마가 생긴 것이다. 에디트는 그녀들의 마스코트였다.

어린 시절 에디트는 시력을 잃은 적이 있었다. 창부들은 매일 노르망디의 리슈에 있는 성녀 테레즈의 묘를 찾아가 에디트를 위해 기도했다. 그런 노력때문인지 에디트는 마침내 기적적으로 회복했다. 창부와 에디트는 성녀 테레즈 덕택에 양쪽 눈이 빛을 되찾은 거라고 믿었다. 그 후 에디트는 성녀 테레즈에 대한 기도를 빼놓지 않았다.

일곱 살이 된 에디트가 초등학교에 들어갔다. 학교에 다니면서 에디트는 '매춘부의 아이!'라는 놀림을 받아야만 했다. 심지어 학교 친구들이 던진 돌에 맞은 적도 있었다. 그녀에게 친구는 아무도 없었다.

1년이 지나자 아버지가 그녀를 데리러 왔다. 돈을 벌기 위해 딸이 필요했던 것이다. 이후 아버지는 곡예를 하고, 딸은 노래를 부르며 이 마을 저 마을로 떠돌아다녔다. 구경꾼들이 던져주는 동전을 줍는 것은 당연히 에디트의 역할이었다.

'왜 이렇게 살아야만 하지?'

에디트는 너무도 창피하고 부끄러운 나머지 분노마저 느꼈다. 갈수록 아버지와 함께하는 밑바닥 생활에 진절머리가 났다. 그녀는 당장이라도 그만두고 싶었지만, 다른 생계 수단이 없었다. 에디트는 그러한 분노의 감정을 노래에 담아 열심히 불렀다.

그렇게 시간이 흘러 열여섯 살이 된 에디트는 당시 열일곱 살인 루이를 만나 사랑에 빠졌다. 드디어 아버지의 곁에서 벗어날 수 있는 이유가 생긴 것이다. 젊은 연인들 사이에서 여자아이 마르셀이 태어났다. 하지만 가난하고 무지한 젊은 부부가 뇌막염에 걸린 아이를 안고 허둥거리는 사이에 아이는 그만 숨을 거두고 말았다.

에디트는 깊은 슬픔에 빠져 무지한 자신을 책망하며 화를 냈다. 에디트는 아이를 잃은 아픔을 아무에게도 말하지 못했다. 하지만 그녀의 기억 한편에 지워지지 않는 상처로 평생 사라지지 않았다.

거리에서 노래하는 에디트에게 한 남자가 말을 걸어왔다. 그녀가 스무 살 때였다. 그는 고급 카바레 '루 자니스'의 주인인 루이 리플레였다. 에디트의 본명은 에디트 조반나 가시옹이었다. 루이 리플레는 작은 체구로 열정적으로 노래를 부르는 그녀의 모습을 보고 '참새'라는 뜻의 파리 속어인 피아프라는 애칭을 붙여주었다. 가수 에디트 피아프가 탄생하는 순간이었다.

클럽은 많은 손님들로 꽉 차 있었다. 에디트가 노래하기 시작하자 갑자기 조용해졌다. 모두가 감동했다. 그녀의 노래가 끝나자 클럽 안에는 순간 정적이 흘렀다. 그때 테이블에 앉아 있던 한 남자가 벌떡 일어나더니 소리쳤다.

"브라보!"

그는 당시 프랑스의 인기 가수였던 모리스 슈발리에였다.

"브라보! 저 아가씨는 지금 온몸으로 노래하고 있어요!"

그는 에디트가 노래하는 모습에 몹시 흥분했다. 에디트는 147센티미터의 작은 몸집에 뜨거운 정열을 품고 있었다. 그 정열은 희로애락의 감정과 섬세한 감각으로 끊임없이 두근거리며 잠시도 가만히 있지 않았다. 끝없는 기쁨에서 희미한 슬품에 이르기까지 감정의 폭이 풍부한 점은 그녀만이 가진 개성이었다. 에디트는 뜨거운 정열을 노래의 리듬과 가사에 생명을 불어넣어 춤추게 했는데, 이는 누구도 흉내 낼 수 없는 그녀만의 독창적인 노래 스타일이었다.

그렇게 신인 가수로 막 첫걸음을 내딛기 시작한 스물한 살의 에디트에게 엄청난 사건이 기다리고 있었다. 카바레의 주인 루이 리플레가 살해당한 것이다. 그녀의 재능을 알아주고, 친아버지보다 더 상냥하고 따뜻하게 격려해준 사람이었다. 그가 의문의 살해를 당하자 에디트도 살인혐의를 받았다.

에디트는 눈앞이 캄캄해졌다. 경찰서에서 조사를 받고 증거 불충분으로 나오기는 했지만, 의문의 협박전화가 계속 걸려왔다. 모처럼 얻은 기회는 그렇게 한순간에 날아가버리고, 에디트는 희망을 잃고 길거리를 방황했다.

숙녀로, 그리고 스타로 거듭난 에디트

실의에 빠진 그녀를 지탱해준 것은 레코드를 히트시킨 작사가이자 가수인 레이몽 아소와의 사랑이었다.

에디트는 제대로 교육을 받지 못해 이제껏 책을 읽은 적도 없었고, 말투도 천박하여 교양과는 거리가 멀었다. 세상에 상식과 매너가 존재한다는 것조차 알지 못했다.

이후 레이몽은 3년에 걸쳐 에디트의 불행한 생활습관을 말끔히 지워내고 그녀가 가진 청순함을 소생시키기 위해 애썼다. 그리고 사회에 나와서도 위축되지 않도록 그녀에게 매너를 가르치고 몸에 밴 험한 말투를 고치게 했다. 마침내 에디트는 「마이 페어 레이디」의 주인공 일라이자처럼 레이몽과 대등하게 대화할 수 있는 여자로 성장했다.

그런데 에디트는 호기심이 왕성했다. 레이몽이 군대에 간 사이에 그녀는 영화배우 폴 무리스를 만났다. 새로운 사랑이었다. 그녀는 일단 사랑을 하면 한없이 빠져들었다. 동시에 한 번 싫증이 나면 뒤도 안 돌아보고 떠났다.

에디트는 처음 폴을 만났을 때 그의 세련된 매너와 냉정함에 가슴이 두근거렸다. 자신을 교양을 갖춘 여자로 대하는 모습도 나쁘지 않았다. 그러나 얼마 지나지 않아 상황은 변했다. 그녀는 소리를 지르고 발을 구르며 벽에 유리잔을 내던졌다. 그래도 화를 내지 않는 폴을 보며 에디트의 분노는 폭발했다. 반응이 없는 미지근한 사랑은 더 이상 사랑이 아니었다. 보호받기만 하는 관계는 사절이었다. 에디트는 그에게 진실이

어려서부터 고단한 현실을 받아들여야 했던 에디트. 그러나 사회의 차별이나 위선 등에는
절대로 참지 않았다. 절규에 가까운 그녀의 노래가 말해주듯.

담긴 말을 듣고 싶었다. 진짜 사랑을 하고 싶었다. 가짜는 싫었다. 타협이나 내연의 관계는 더욱 싫었다. 결국 그녀는 폴을 버리고 떠났다.

에디트가 서른 살이 되었을 때 그녀의 레코드는 베스트셀러가 되어 팔려 나갔고, 에디트는 프랑스 샹송계의 스타가 되었다. 그리고 1944년에 만난 이브 몽땅과 차츰 연인 사이로 발전했다. 당시 그녀는 이브 몽땅과 샤를 아즈나부르의 재능을 발견하고, 그들을 성공시키기 위해 애쓰고 있었다. 에디트는 이브 몽땅과의 사랑이 만들어준 「장미빛 인생La Vie En Rose」으로 대성공을 거두었다.

노래와 사랑 없이는 살 수 없는 에디트는 늘 노래하고 사랑을 했다. 그녀는 계속해서 다른 남자와 만나 사랑을 즐기고 상처받는 이별과 만남을 반복했다. 하지만 에디트가 그들과의 만남에서 행복만 얻은 것은 아니었다. 오히려 악몽 같을 때가 많았다. 그녀는 남자들을 야수라고 여기고, 존경할 만한 가치가 없다고 생각했다. 그녀에게 있어서 사랑이란 싸움과 거짓, 그리고 폭력과 배신이 난무하는 광기의 환타지 이외의 아무것도 아니었다.

그런데 한 남자의 등장이 에디트의 사고방식을 완전히 바꿔놓았다. 1947년 뉴욕의 칵테일 파티에서 운명의 남자를 만난 것이다. 그는 프랑스를 대표하는 미들급 세계 챔피언인 권투선수 마르셀 세르당이었다. 그는 미국에서의 첫 시합을 위해 뉴욕에 와 있었고, 에디트는 한창 공연 리허설중이었다. 두 사람은 낯선 곳에서 친구도 없이 지루해하던 참이었다.

마르셀은 계속 봐도 질리지 않는 웃는 얼굴에 상냥하고 너그러운 매너와 고결한 인격을 갖추고 있었다. 에디트는 마르셀을 처음 본 순간부터 사랑 이상의 감정을 느꼈다. 그리고 그 사랑의 감정은 점차 그를 존경하게 만들었다.

그녀는 마르셀과 만나게 해준 현실을 고마워했다. 지금껏 그토록 찾아 헤매던 남자가 바로 그였던 것이다. 그녀가 찾고 있던 세상이 바로 그 순간이었다. 그도 그녀를 존경했다. 마르셀은 무대 옆에서 그녀의 노래를 들으며 옆에 있는 사람에게 속삭이지 않고는 견딜 수 없었다.

"믿을 수 있겠어? 저렇게 작은 몸집으로 어떻게 저렇게 부를 수 있지……."

에디트에게 푹 빠진 마르셀은 유부남으로 아들이 셋이나 있었다. 하지만 그러한 사실은 그녀에게 전혀 문제가 되지 않았다. 마치 봄 햇살 속의 소년소녀처럼 두 사람은 환희에 도취되어 있었다. 그들은 서로의 존재에 대해 신에게 감사하고 자신들의 만남을 만끽하며 행복해했다.

에디트나 마르셀에게 첫사랑을 하는 소년소녀와 다른 점이 있다면 그것은 주고받는 대화가 풍부하다는 점이었을 것이다. 그들은 항상 서로 마주보며 이야기했고, 떨어져 있을 때면 전화와 편지로 이야기를 나누었다. 그들이 주고받는 목소리야말로 사랑, 그 자체였다.

사랑이란 완벽한 헌신이나 서로의 희생이 아니다. 상대의 성장 속에 자신을 발견하고, 서로를 끝없이 이해하기 위한 힘이다. 현실에서 그러한 힘을 실천할 수 있었던 극히 드문 커플이 바로 에디트와 마르셀이었다.

1994년 가을, 마르셀은 세계 선수권을 차지하기 위해 투지를 불사르고 있었다. 그는 프랑스 각지에서 있었던 수련을 마치고 에디트가 기다리는 뉴욕으로 가기 위해 배에 올랐다. 그런데 배가 막 출발하기 직전에 에디트에게서 전화가 왔다.

"마르셀, 도저히 더는 기다릴 수 없어요. 지금 당장 비행기로 와요!"

　10월 27일 오후 9시 6분, 마르셀을 태운 비행기가 오루리 공항을 출발했다. 그리고 그날 밤, 비행기는 아조레스 해협에 추락하고 말았다. 생존자는 없었다. 비보를 전해 들은 에디트는 실신하고 말았다. 하지만 그녀는 자신의 일을 취소하지 않았다. 그녀는 세련된 분위기로 평판 높은 클럽 베르사이유의 무대에 서서 분명한 어조로 인사하며 말했다.

　"오늘 밤, 저는 마르셀 세르당을 위해 노래하겠습니다. 그 누구를 위해서도 아닙니다. 오로지 그를 위해 노래합니다."

　에디트는 노래를 통해 비통함을 겨우 참아낼 수 있었다. 아무것도 생각할 수 없었지만, 그녀는 노래했다. 언제나 그랬듯이 에디트의 노래는 자신을 향한 기도였다. 그녀는 현실을 원망하지 않았다. 그냥 받아들였다. 현실이 아무리 비정하게 손짓해도 그녀는 불평하지 않았다. 그녀는 어릴 적 자신의 눈을 뜨게 해준 성녀 테레즈의 가호를 믿었다. 에디트는 자신의 생명 또한 자신이 함부로 할 수 있는 게 아니며, 주어진 생명을 마지막까지 사는 것이 진정한 용기라고 믿었다.

어떤 불행을 짊어져야 하는 상황에서도 에디트는 불평을 하거나 비탄에 잠기는 법이 없었다. 그녀는 누군가에게 나약한 소리를 하는 것도 좋아하지 않았다. 또한 그 이상으로 그녀가 원하지 않은 것은 고독이었다. 그녀는 혼자가 되는 것을 두려워했다. 인터뷰에서 그 이유를 묻자 그녀는 이렇게 대답했다.

"과거의 그림자가 무섭기 때문일까요?"

무대에서 에디트는 삶의 기쁨과 슬픔이 담긴 가사를 애끊는 목소리로 불렀다. 노래를 할 때는 실제 자신의 삶을 처절하게 반영하며 온몸으로 열창했다. 그러나 무대를 내려와 혼자가 되면 갑자기 어지러움을 느꼈다. 분노와 외로움에 가슴 아파했다. 그녀는 특히 밤을 두려워했다. 그래서 사람들을 만나 마시고 웃고 떠드는 것을 즐겼다. 그 날의 에너지를 다 쓸 때까지 누군가가 곁에 있어주기를 원했다.

"실망한 적이 있나요?"라는 질문에 그녀는 "실망한 적은 없어요"라고 대답했다. 에디트는 강한 척했다. 그런 성격이 점점 그녀를 힘들게 했다.

마르셀 세르당이 비행기 사고로 세상을 떠난 후, 에디트는 더욱 고독에 대한 공포심을 억제할 수 없었다. 그녀는 "당장 비행기로 와요!"라는 자신의 말 한마디가 그를 다시는 돌아올 수 없는 먼 곳으로 보냈다는 생각에 자책했다. 하지만 그녀는 강한 척했다. 그 역효과로 고독은 에디트에게 역습을 가했다. 그녀는 모르핀으로 기억을 마비시켰다.

그녀는 '이 목소리만 있으면 돼!'를 되뇌이며 자신의 목소리의 힘만은 스스로 느끼고 있었다. 하지만 그 목소리에 생명을 불어넣는 자신의 풍부한 감정은 알아차리지 못했고, 때로는 감정의 늪에 빠진 자신을 저주했다. 모르핀의 양은 점점 늘어만 갔다.

"나는 하루에 10분 정도는 행복해요."

인간은 누구나 행복해질 권리를 갖고 있다. 그러나 하루 10분은 너무 적다.

1950년 1월, 에디트는 파리에서 리사이틀을 개최하고, 「사랑의 찬가 Hymne a l'amour」를 발표했다. 이 곡은 비행기 추락사고로 숨진, 너무나 사랑했던 연인 세르당에게 바치기 위해 피아프가 직접 쓰고 부른 노래였다. 서른다섯 살이 된 에디트는 마르셀을 잃음과 동시에 그와의 대화도 잃었다.

슬픔은 참을 수 있었다. 하지만 서로 기쁨을 나누던 상대가 이 세상에 없다는 건 도저히 견디기 힘들었다. 에디트는 자신의 감정을 조절하지 못하고 알코올에 빠져들었다. 그리고 1951년 교통사고로 팔과 늑골이 부러졌다. 그녀는 그 무렵부터 마약에 빠져 모르핀 없이는 하루도 견딜 수 없는 나날을 보내고 있었다. 그녀는 모든 아픔을 지우고만 싶었다.

다음 해, 에디트는 가수 자크 필스와 결혼했지만 채 5년을 넘기지 못하고 이혼했다. 그리고 그해 가을에 또다시 교통사고가 나서 중상을 입었다. 수술과 병마로 얼룩진 에디트의 인생에는 재난이 끊이지 않았다.

하지만 어둠만 계속된 것은 아니었다. 그녀의 인생에 빛을 안고 한 남자가 나타난 것이다. 스물여섯 살의 데오 사라포가 바로 그였다. 이때 에디트의 나이는 마흔여섯 살이었지만 두 사람은 결혼했다. 가수 지망생인 데오 사라포와 함께 노래하며 즐거워하는 에디트의 모습을 보면 두 사람 모두 행복해하는 것이 느껴졌다.

에디트는 1947년에 「장밋빛 인생」, 1950년에 「사랑의 찬가」 외에도 1951년에 「파리의 기사(騎士)」, 1952년에는 「빠담 빠담Padam, Padam」으로 디스크 대상을 받아 더욱 유명해졌다.

에디트는 가수로서는 성공했지만, 병마에 시달리며 더욱

작고 수척해졌다. 그녀는 결국 활동을 접고 프랑스 남부의 비에라에서 요양을 시작했다. 그리고 1963년 10월 11일 데오가 지켜보는 가운데 에디트의 노래와 사랑의 여행은 끝이 났다.

10월 14일, 에디트의 장례식이 있던 날은 맑지만 더운 날씨였다. 그녀의 인생을 스쳐간 사람들, 그녀를 사랑하고 사랑받은 사람들이 거리를 가득 메웠다. 그들은 저마다 빨간 장미를 손에 들고 에디트를 떠나보냈다.

1년 정도의 결혼생활 후에 데오에게 남겨진 것은 막대한 빚이었다. 노래와 같은 사랑, 소설 이상의 사랑이 이 세상에 존재한다는 것을 증명하고, 데오는 7년 후 자동차 사고로 세상을 떠났다.

에디트는 현재 파리의 페르 라세즈 묘지 제97구역에 남편 데오와 어렸을 때 죽은 딸과 함께 잠들어 있다.

긍정적인 삶의 태도로
현실을 받아들이다

에디트의 생애는 몇 가지의 기적과 전설로 꾸며져 있다. 우선 파리의 근교 베르빌 거리의 길 위에서 태어났다는 탄생에 얽힌 에피소드다. 이는 그녀의 대중성을 강조하기 위해 저널리스트가 '길 위에서 태어난 가수'로 표현한 데서 비롯된 것으로 보인다.

그녀는 자신에 대해 다양한 거짓과 만들어진 이야기가 유포되는 것에 대해 아무런 불평도 하지 않았다.

"공인인 이상 누구나 사생활에 관한 소문은 있기 마련이죠. 하지만 이 일을 선택했다면 피할 수 없는 일이에요."

그녀는 언론에서 자신을 쫓아다녀도 아주 태연했다. 그녀는 이른바 평범한 가정환경에서 자라지 않았다. 가난한 살림에 하루 벌어 먹고살기도 힘들어했던 아버지와 어머니……. 그들의 애정 표현은 에디트가 원하는 것과는 아주 달랐다. 소녀는 슬픈 어린 시절을 보냈다.

그러나 그녀는 부모의 부족함을 비난하지도, 한탄하지도 않았다. 그렇다고 해서 포기했던 것도 아니다. 그녀는 어린 시절에 이미 이 삶이 현실이라는 것을 받아들였다.

어린 시절을 할머니의 집에서 자란 에디트는 창부들에게 귀여움을 받으면서 차츰 가슴이 따뜻해지는 것을 느꼈다. 그런데 갑자기 눈이 보이지 않았다. 창부들이 그녀를 걱정하여 성녀 테레즈에게 그녀의 병을 고쳐줄 것을 빌었다. 그러자 에디트에게 빛이 돌아왔다. 믿을 수 없는 일이 일어난 것이다. 놀람과 기쁨으로 떨리는 가슴을 어루만지며 그녀는 다시 한 번 깨달았다. 이것이 현실이라는 것을…….

그녀는 어떤 상황에 놓여도 '왜 내가 이런 일을 겪어야만 하는 걸까?', '왜 나만 불행한 걸까?', '나도 다른 아이들처럼 살고 싶어' 하고 부정적으로 생각하는 대신 자신에게 주어진 상황을 긍정적으로 받아들였다.

그녀는 자신이 다른 아이들과는 다르다는 걸 자각하고, 이것이 현실이라고 받아들였다. 슬픔이 찾아오면 슬픔과 함께했고, 기쁨이 다가오면 기쁨과 함께했다. 그녀는 자신에게 닥치는 일이 있으면 거부하지 않고 있는 그대로 받아들였다. 하지만 사회의 차별이나 부정, 그리고 위선 등에는 절대로 참지 않았다. 그녀는 잘못된 차별이나 위선이 현실이 되지 않도록 분노하고 저항했다. 그리고 이를 증명하기 위해 노래했다.

그녀의 노래는 모두 사랑의 찬가다. 에디트는 사랑의 위대함을 외치는 멋없는 행동은 하지 않았다. 남녀가 우정을 기반으로 하여 서로 사랑하는 사회야말로 미래가 있다고 믿었다. 그리고 이를 확인하기 위해 앞을 향해 계속 나아갔다. 그녀는 천진난만하고 자유분방했으며, 또한 간결했다.

사람은 늘 누군가와 만나고 헤어진다. 그리고 또다시 다음 만남을 기다린다. 헤어져도 기다린다. 그 길을 에디트는 확실하게 걸어갔다. 그녀는 지름길을 싫어했다. 모든 과정을 생략하지 않고 묵묵히 걸었다. 그녀는 자신이 걸어간 만큼 새로운 감정을 체험했으며, 그때마다 작은 체구에 단계적으로 감정의 변화가 늘어갔다.

그녀는 만남과 이별을 통해 느끼는 감정을 가사와 멜로디로 만들어 노래했다. 에디트의 노래가 강렬한 것은 그녀의 느낌과 삶의 방식이 녹아 있기 때문이다.

그녀의 노래 속에는 '이것이 현실이야', '나는 거부하지 않고 주어진 운명을 받아들일 거야', '나는 사랑해' 하고 각오를 다지는 자세가 늘 담겨 있었다.

그녀는 자신에게 다가오는 모든 희로애락과 현실을 거부하지 않고 있는 그대로 긍정적으로 받아들였다. 그렇기에 계속해서 나아갈 수 있었고, 또한 성장할 수 있었다. 에디트의 노래에는 일체 이유가 없다. 대담하고 느긋한 감수성, 그리고 상상력만이 넘쳐흐른다.

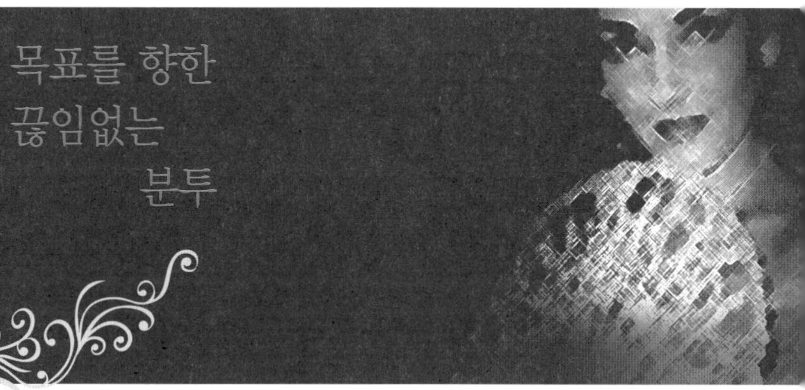

목표를 향한
끊임없는
분투

마리아 칼라스, *Maria Callas* 1923~1977

1923년 여름, 그리스의 칼로게로플로스 일가를 태운 배가 유럽에서 미국으로 향하고 있었다. 그곳엔 에반겔리아와 조지 부부도 함께 있었다. 남편 조지의 직업은 약사였다.

그해 12월 2일, 뉴욕에서 작은 딸 마리아가 태어났다. 정확히 말하면 마리아 안나 소피아 세실리아 칼로게로플로스였다. 조지는 작은 딸의 이름을 미국에서 발음하기 쉽게 마리아 칼라스로 바꾸었다.

마리아가 태어났을 때 장남을 잃은 에반겔리아는 너무 실망한 나머지 "그 애를 보고 싶지 않아요." 하고 밀어냈을 정도였다.

시간이 흐르자 에반겔리아는 장녀 재키와 마리아의 음악교육을 제대로 시키기 위해 피아노와 축음기를 샀다. 에반겔리아의 희망은 열한 살 난 재키를 가수로 만드는 것이었다. 당시 다섯 살이던 마리아는 어머니의 편애에 상처를 받았다. 그래서 어떻게 해서든지 재키보다 더 사랑받기 위해 열심히 레슨을 받고 노래를 불렀다.

마리아는 이탈리아 오페라 아리아나 유행 가곡 등 어떤 노래든지 불렀다. 어느 날, 가족 모두가 라디오 앞에 모여 메트

로폴리탄 가극장에서 상연되는 오페라 중계를 듣고 있었다. 갑자기 오페라를 듣고 있던 마리아가 소리쳤다.

"아, 틀렸다!"

마리아는 프리마돈나의 실수를 지적하고 가족들 앞에서 정확한 가사로 그 오페라를 다시 불렀다. 어느새 에반겔리아의 야심은 재키에서 마리아로 바뀌었다.

마리아는 열 살 무렵 당시 미국의 학교 과외활동인 일요연주회에서 노래를 불렀다. 그리고 열한 살 때에는 아마추어 라디오 콩쿠르에서 우승했고, 시카고의 성악 콩쿨에서는 2위를 했다. 그녀는 자선음악회에서도 노래했는데 좋은 평가를 받으면 에반겔리아는 무척 자랑스러워했다.

그러나 때론 이런 상황이 마리아에게는 고통이었다. 그녀는 노래를 부르고 싶지 않을 때도 사람들 앞에서 노래해야 했다. 어머니를 거역할 수 없었다. 자신이 노래하고 있을 때만 어머니에게 사랑받고 있다고 느껴졌기 때문이다. 그래서 마리아는 어린 마음에도 분노를 억누르며 노래를 불렀다.

마리아는 살찐 몸매에 여드름 투성이의 얼굴 그리고 지독한 근시로 도수 높은 안경을 쓰고 다녔다. 친구도 없이 열등감에 사로잡혀 있던 마리아의 마음 한구석에는 이미 미래의 프리마돈나가 싹 트고 있었다. 하지만 그 당시에는 아무도 상상하지 못했고, 본인조차도 알지 못했다.

마리아, 오페라 무대에 오르다

1937년, 에반겔리아는 이혼을 한 후 딸들을 데리고 그리스로 돌아갔다. 열세 살의 마리아는 옛 국립음악학교를 거쳐 아테네음악원에 진학했다. 운명은 마리아를 위해 다양한 만남을 준비하고 있었다. 첫 인연은 엘비라 데 이달고와의 만남이었다.

스페인 출신인 이달고는 당시 전 세계에 수많은 팬을 거느리며, 콜로라투라*coloratura* 소프라노 가수로서 명성을 떨치고 있었다. 하지만 그녀는 일찍 은퇴해 마흔 살이 되기 전에 무대를 떠났다.

마흔일곱 살의 이달고는 관광을 목적으로 그리스에 여행을 왔다가 전쟁이 발발하는 바람에 어쩔 수 없이 머물게 되었다. 그녀는 아테네음악원에서 성악과 오페라를 가르치며 전쟁이 끝나기만을 기다리고 있었는데, 바로 그 시기에 마리아가 등장한 것이다.

1940년, 이제 마리아의 미래는 오페라 가수가 꿈이었던 어머니 에반겔리아에게서 이달고에게로 맡겨졌다. 이달고는 그녀의 천재적 소질과 무한한 가능성을 금세 알아보았다.

"마리아에게는 보통 이상의 힘이 있어서 목소리가 마치 트롬본 같았어요. 거칠고 무척 개성이 강한 목소리였어요. 나는 금세 그 애를 좋아하게 되었죠."

하지만 마리아는 너무 강하고 건방진 성격 탓에 선생님들 사이에서 가르치기 힘든 학생으로 알려졌다. 이달고는 마리아 같은 목소리는 두 번 다시 나오지 않는다며 단호하게 말했다.

"제가 사비로 가르치겠어요. 레슨비 걱정은 하지 마세요."

드디어 마리아는 이달고에게 하루에 한 시간씩 성악 레슨을 받기로 했다.

"마리아는 다른 아이들과 달라요. 다른 아이들은 레슨이 끝나자마자 집으로 돌아가는데 마리아는 오전 10시에 와서 수업이 끝나는 오후 8시까지 계속 교실에 남아 있어요. 옆에서 모든 학생들의 레슨을 듣고 모두 기억해 내요. 마리아는 믿을 수 없을 정도의 기억력과 놀랄 만한 의욕을 갖고 있어요."

이달고는 마리아에게 화려하고 아름다운 목소리의 기교적 창법인 벨칸토^{bel canto}를 철저하게 지도했다. 하지만 당시에는 전통적인 벨칸토 창법이 전문가들 사이에서는 경시되던 시기였다. 그러나 이달고는 망설이지 않았다. 이달고는 마리아의 음역의 넓이, 목소리의 성질과 성량에 주목하고, 그녀의 감수성과 상상력에 반했다. 이달고는 자신이 가진 모든 것을 마리아에게 전수해주고 싶었다. 세상에서 진정한 자신의 후계자를 발견했기에 어린 예술가에게 모든 것을 넘겨주고 싶었다.

마리아는 오페라 가수로서 반드시 익혀야 할 이탈리아어 레슨을 시작한 지 3개월 만에 능숙하게 말할 수 있게 되었다. 무엇을 시켜도 그녀의 열의는 사라지지 않았다. 그녀는 밤에 침대에 누워서도 쉬지 않고 악보를 읽었다. 그렇게 하지 않고는 도저히 견딜 수가 없었다. 학창 시절 마리아에게는 음악이 전부였다.

1942년 7월, 마침내 마리아에게 기회가 찾아왔다. 아테네 오페라극장에서 제작된 푸치니의 오페라 「토스카」의 주인공 역할이었다. 하지만 다음 날 신문에는 이달고의 애제자인 젊은 토스카에 대해 '드라마틱한 소프라노로 유망'이라는 짧은 기사가 실렸을 뿐이었다.

1945년, 전쟁이 끝났다. 그런데 마리아가 계약을 맺은 국립오페라극장에 정치적인 입김이 개입해 마리아의 계약은 갱

신되지 않았다. 갈 곳을 잃은 마리아는 미국으로 돌아가기로 했다. 그곳에는 아버지가 있었다. 하지만 뉴욕에는 냉정하고 가혹한 현실만이 그녀를 기다리고 있었다. 하지만 이런 고난에 쉽게 쓰러질 마리아가 아니었다.

1947년 여름, 마리아는 이탈리아에서 데뷔했다. 작품은 「라 조콘다La Gioconda」였다. 베로나 야외 원형극장에서 열린 그녀의 공연은 실패하지 않았지만 그렇다고 대성공을 거두지도 못했다. 지휘자는 이탈리아가 자랑하는 최고의 오페라 지휘자 툴리오 세라핀이었다.

메네기니와의 만남과 결혼

이 시기에 마리아는 베로나에서 그녀의 인생에 영향을 미친 두 남자를 만난다. 한 사람은 위대한 지휘자인 세라핀으로 마리아 칼라스를 발굴하고 대가수로 성장할 수 있도록 만든 장본인이었다. 그리고 또 한 사람은 조반니 바티스탄 메네기니였다. 그는 오페라를 애호하는 이탈리아 사람으로 자산가였고, 52세의 독신이었다.

그는 마리아의 노래를 듣기 전부터 통통한 젊은 아가씨에게 푹 빠져 있었다. 마리아는 당시 100킬로그램에 달하는 체중을 조금 줄이기는 했지만, 여전히 통통한 몸매에 허리와 다리는 뚱뚱했다. 하지만 반짝거리는 그녀의 검은 눈동자는 충분히 매력적이었다.

메네기니는 즉시 그녀에게 다가가기 시작했다. 약간 당황하긴 했지만, 마리아 역시 두근거리는 가슴을 느끼며 그의 프로포즈에 응했다. 이윽고 그들은 연인 사이가 되었고, 메네기니는 마리아를 경제적으로 보살피게 되었다.

"전 뭐든지 항상 최고를 원해요. 진정 당신의 아내가 되고 싶어요."

스물세 살의 마리아는 사랑하는 남자 메네기니에게 보내는 편지에 이렇게 썼다. 그녀는 자신의 연인이 누구보다 뛰어난 남자이기를 원했고, 자신의 예술은 가장 고품격이기를 원했다.

사랑에 빠진 젊은 아가씨라면 열정과 환상속에 누구나 쓸 수 있는 문장이다. 그러나 젊음과 상관없이 마리아의 최고, 전부, 완벽을 향한 갈망은 30세, 40세로 넘어갈수록 점점 강렬해졌다.

「라 조콘다」를 노래한 그해 12월, 마리아는 베네치아의 페니체극장에서 「트리스탄과 이졸데 Tristan and Isolde 」를 부를 수 있는 기회를 얻었다. 지휘자는 세라핀이었다.

마침내 마리아 칼라스의 시대가 도래했다. 「투란도트 Turandot」, 「아이다 Aida」를 마치고 나니 마리아가 그토록 동경하던 「노르마 Norma」가 기다리고 있었다. 세라핀은 마리아에게 반했고 그녀를 신뢰했다.

1948년 11월 피렌체. 마리아의 「노르마」는 갈채를 받았다. 그 후 「노르마」는 마리아가 오페라 가수로서 노래하고 연기한 5대 히로인의 탑을 장식하게 된다.

마리아는 이제 누구나 인정하는 스타였다. 극장 측은 그녀를 스카우트하기 위해 많은 금액의 출연료를 제시했다. 그녀는 더 이상 경제적으로 고생할 일이 없었다. 더 이상 메네기니의 원조를 받지 않아도 된 것이다.

마리아는 메네기니와 결혼하기를 원했다. 그녀는 그를 만난 순간부터 그의 아내가 되고 싶었다. 유명해진 자신이 더 이상 그의 도움을 받지 않아도 된다는 사실에 너무도 기뻤을 때. 마리아가 그에게 말했다.

"나와 결혼해주면 더 이상 노래를 부르지 않겠어요."

1949년 4월, 마리아와 메네기니는 결혼했다. 그는 아버지처럼 그녀를 보호하며 점차 매니저 겸 대리인이 되어 그녀의 생활 전체를 좌지우지하는 남자로 자신의 영역을 넓혀나갔다.

프리마돈나 마리아 칼라스

이탈리아의 오페라 지휘자로 이름 높은 세라핀은 「토스카Tosca」의 최초 리허설에서 이미 마리아의 미래를 예감했다. 그는 그녀의 프로의식에 혀를 내둘렀고, 동시에 그녀가 음악을 통해 전달하는 능력이 천재적이라는 것을 한눈에 알아보았다.

"당신의 음악은 악기와 같아요. 리허설 때는 정확히 연습하세요. 하지만 무대에 서면 연습한 건 모두 잊어버리고 당신 자신의 소리로 마음대로 노래해보세요. 소리를 통해 당신의 마음을 표현하면 됩니다."

세라핀과 이달고의 가르침은 마리아의 잠재된 재능을 흔들어 깨우고 자극하면서 성장시켰다.

1950년대에 LP레코드라는 음악재생 기계가 일반화되었다. 마치 마리아의 소리를 녹음하기 위해 나타난 것처럼 그녀의 경력과 레코드는 어깨를 나란히 하며 발전했다.

노력가 마리아는 어려운 상황에 도전하여 이기는 걸 좋아했다. 무거운 체중은 그녀의 오래된 고민이었다. 약간 살이 빠지기는 했지만 여전히 과체중이었다. 그녀는 섬세한 마음을 표현하고 싶은 장면에서 몸을 가볍게 움직일 수 없었다.

1953년, 마리아는 감량 프로그램을 통해 1년 반 만에 64킬로그램으로 대변신했다. 의지가 강한 그녀는 일단 목표를 세우면 반드시 도달하고야 마는 성격이었다.

신장 175센티미터, 커다란 눈동자, 날렵한 턱선, 표정 넘치는 입술, 긴 목, 가느다란 손가락, 잘록한 허리……. 마리아는 아름다운 몸매로 오페라 주인공들의 감정을 한층 깊고 섬세하게 표현했다.

19세기에 프랑스에서 크게 발달한 오페라 양식의 하나인 그랜드오페라의 주인공들에게는 공통점이 한 가지 있었다. 그들은 모두 자신의 소원을 이루지 못하고 사랑을 위해 죽거나 사랑을 위해 사람을 죽이는 결말을 맞이했다. 주인공들은 모두 비극적인 운명을 타고난 여자들이다. 마리아는 각 작품의 주인공에게 감정을 불어넣어 노래했다.

"작곡가의 의도를 파악하고 악보에 생명을 불어넣는 것이 가수의 역할이에요. 세라핀이 음악을 이해할 수 없을 때는 무조건 들으라고 하더군요. 음악 안에 모든 감정과 이유가 들어 있다는 거죠.”

작곡가가 말하지 않은 부분까지 이해하며 마리아는 자신이 맡은 역할을 충실하게 해냈다.

전대미문의 프리마돈나의 출현으로 관객은 물론 연출가도 흥분했다. 영화감독으로도 활약하고 있던 루치노 비스콘티가 그녀 앞에 나타났다.

1955년 5월, 스칼라극장에서 「라 트라비아타^{La Traviata}」가 상영되었다. 비스콘티 연출의 「라 트라비아타」로 마리아의 표현력은 한층 더 물이 올랐다.

“오페라의 역사는 마리아 칼라스를 기점으로 칼라스 이전과 칼라스 이후로 나누어진다.”

세계적인 오페라 연출가로 이름을 날린 프랑코 제피렐리가 한 말이다. 그는 오페라 연출가로서 마리아의 작품 동료이기도 했다.

마리아는 여배우를 뺨칠 정도의 연기력을 가진 프리마돈나였다. 그녀는 희로애락의 흐름이나 움직임에 따라 섬세한 감정까지 능숙하게 표현했다. 마리아는 그전까지의 오페라를 훌륭한 해석과 표현으로 극 중심의 영화로 진화시켰다. 이는 혁명이나 다름없었다.

마리아는 뛰어난 해석과 연기로 주인공들의 분노와 절망감을 살아 숨 쉬듯 표현했다.
그녀가 이끈 극 중심의 오페라는 당시 혁명과 다름없었다.

그녀가 연기하면 어떤 주인공이라도 생생하게 살아 숨 쉬었다. 그녀들은 미소 짓고 울고 고뇌했다. 특히 뛰어난 점이 분노의 표현이었다. 연기한 횟수로 나열하면 「노르마」, 「라 트라비아타」, 「루치아Lucia」, 「메데」가 5대 히로인으로 불린다. 그 외에 오페라 「아이다」에서도 마리아가 연기한 주인공은 단순히 기뻐하거나 슬퍼하는 것이 아니라 상황을 받아들이며 다양한 분노를 표현했다. 바로 이런 면이 그녀가 다른 가수와는 결정적으로 다른 점이었다.

사랑을 위해 죽는 주인공과 사랑을 위해 사람을 죽이는 주인공. 스토리는 고풍스럽고 현실과 동떨어져 있어도 마리아가 연기한 주인공들이 분노하는 이유에 20세기의 관객들도 공감할 수 있었다.

많은 무대에서 노래했지만 마리아의 오페라 영상은 많이 남아 있지 않다. 하지만 CD로는 들을 수 있다. 마리아가 불세출의 마돈나로 불리는 까닭은 모든 테크닉을 익힌 생생한 감성과 지성을 가진 그녀가 주인공의 밑바닥에 있는 분노까지 한없이 아름답고 조용하게 그리고 부드럽게 표현했기 때문이다.

1958년 12월, 마리아는 파리 오페라좌에 데뷔한다. 최고의 미의식을 자랑하는 파리의 관객이지만 마리아에게 냉정할 수는 없었다. 그녀는 파리를 정복했다. 세계 최고의 디바를 매스컴은 '암표범'이라고 불렀다.

파파라치들은 마리아의 일거수일투족을 쫓아다니며 수많은 스캔들을 만들어냈다. 유명인을 좋아하는 사교계 역시 아름다운 디바를 환영했고, 늘씬한 마리아의 패션스타일도 높은 평가를 받았다.

오나시스와의 사랑과 이별

1959년 4월, 마리아와 메네기니는 결혼 10주년을 맞이했다. 그런데 그로부터 반년도 지나지 않아 마리아에게 중대한 변화가 생겼다. 새로운 연인과의 만남이었다. 상대는 그리스의 대부호이자 선박왕이며 국제적인 사업가인 오나시스였다.

마리아는 2년 전 파티에서 그를 처음 소개받았다. 그 이후에 오나시스는 자신의 유람선인 크리스티나호에서 열리는 호화 파티에 마리아를 몇 번이나 초대했지만, 그녀는 계속 거절했었다. 그러나 그해 마리아는 결국 그의 초대에 응했다.

7월에 마리아와 메네기니 외에도 많은 유명인들과 승무원을 태운 유람선이 몬테카를로를 출항했다. 20일간의 항해를 마치고 다시 몬테카를로 항으로 돌아왔을 때 마리아는 이미 메네기니와의 이혼을 결심한 상태였다.

마리아와 오나시스는 서로 기혼자였지만 각자의 배우자와 헤어지는 수속을 밟으면서 파리에서 함께 지내기 시작했다. 마리아는 오나시스와의 결혼을 원했지만 오나시스는 그럴 생각이 전혀 없었다. 그 당시 그녀의 관심사는 음악이 아니라 오로지 엄청난 부를 쌓아 한없이 쾌락을 즐기는 그리스의 오나시스라는 남자뿐이었다.

마리아는 자신이 마음먹은 대로 노래를 못했을 때는 '훨씬 더 잘 부를 수 있었을 텐데'하고 한탄했다. 그녀는 자신의 목소리에 만족하지 못하면서 노력만큼 되지 않았다고 원망도 했다.

명성을 얻을수록 마리아에게는 점점 적이 늘어났다. 극장과의 충돌, 어머니와의 말다툼, 소송 문제, 미디어와의 논쟁 등 그녀를 둘러싼 스캔들과 문제점이 속출했다.

1959년, 미국의 텔레비전 프로그램에 출연했다.

"당신은 변덕스럽다는 소문이 있는데 정말인가요?"

사회자가 그녀에게 물었다.

"변덕이라니, 그게 어떤 의미인가요?"

“짜증을 내거나 물건을 집어던진다는 뜻이죠.”

“사람을 향해서 물건을 집어던진 일은 없어요. 변덕스럽다
는 것도 거짓말이에요. 저는 인간답게 행동하고 있을 뿐이에
요. 단지 매스컴에서 악용되는 바람에 과장되게 소문이 났을
뿐이죠. 저야말로 피해자예요.”

메트로폴리탄 가극단의 지배인과 다투었을 때도 마리아는
마이크를 향해 단호한 어조로 말했다.

“싸운 게 아니에요. 단지 내년도 공연 작품이 마음에 들지
않아서 재계약을 거절했을 뿐이에요.”

마리아는 자신의 의견을 확실히 주장하고 일목요연하게 사
실 관계를 말했다. 그녀는 진실을 왜곡한 보도에는 분노를 드
러내며 끝까지 싸우고자 했다. 그렇게 정색하고 화를 내는 마
리아를 또다시 매스컴에서 떠들어대면 그녀는 타고난 성격으
로 또다시 자기 주장을 마구 쏟아냈다. 적어도 오나시스를 만
나기 전의 마리아는 그랬다.

그녀는 음악의 신이 파견한 사자처럼 음악을 사랑했고, 음
악을 이해하기 위해 모든 것을 바쳤다. 또한 디바로서의 모욕
에는 절대로 그냥 참고 넘어가지 않았다. 그러나 오나시스를
만난 이후에 마리아는 변했다.

자신이 있어야 할 곳이 메네기니의 옆이 아닌 선박왕 오나시스의 옆이라고 생각한 순간, 그녀는 오나시스에게서 최고와 전부와 완벽을 얻고자 했다. 오나시스는 마리아가 원하는 모든 것을 갖추고 있었다. 그는 그녀에게 그 모든 것을 줄 수 있는 남자였다. 그에게 헌신을 다하면 오페라계의 디바에서 사교계의 여왕이 될 수 있었다. 그녀는 오나시스의 아이도 갖고 싶었다.

마리아는 자신이 이미 음악에서는 최고의 정상을 밟았다는 인식을 갖고 있었다. 일찍이 음악에 맹세한 진정성을 버린다고 해도 오나시스에게서 얻을 최고는 그보다 한 단계 위라고 생각했다.

무대 위에서는 헌신적인 사랑밖에 할 수 없었던 주인공들이 굴욕에 분노하고 슬픔과 자유를 갈망하는 심정을 오페라 역사에 길이 남을 노래로 완성한 마리아였다. 그 위대한 업적만으로도 그녀는 훌륭하게 일어선 인간이었다. 그러나 오나시스를 만난 이후 마리아는 소극적으로 움츠러들었다. 의존심이 강한 여자의 얼굴을 보였다. 그녀는 자존을 버리고 지배당하는 쪽을 선택한 것이다.

1965년 7월, 그녀는 런던에서 「토스카」를 불렀지만, 이것이 마리아의 마지막 오페라가 되었다. 오나시스는 처음에는 마리아를 마치 여왕처럼 떠받들었다. 하지만 마리아가 그를 헌신적으로 대하자 그는 그녀를 마치 노예처럼 대했다. 사람들 앞에서 모욕적인 말로 그녀에게 창피를 주는 일도 많았다.

음악 동료인 연출가 프랑코 제피렐리가 마리아에게 가수활동을 재개할 것을 권했지만, 오나시스가 방해했다. 그의 행동에 화가 난 마리아는 마침내 음악계로 돌아올 결심을 굳혔다. 하지만 그녀의 목소리와 성량은 이미 예전의 마리아가 아니었다.

1968년 10월, 오나시스는 미국의 제35대 대통령 존F. 케네디의 아내였던 재클린 케네디와의 결혼을 발표했다.

오나시스가 재클린과 결혼하자 마리아는 이루 표현할 수 없을 정도로 크나큰 충격을 받았다. 이 굴욕적인 사태에 어떻게 대응해야 좋을지 알 수 없었다. 하지만 그녀는 침묵에 빠져 이를 악물고 비참함을 견뎌냈다.

그랜드오페라의 주인공을 연기할 때에는 분노를 숨기지 않고 표현했지만, 현실 무대에서는 오나시스에 대한 분노를 마음대로 표현할 수 없었다. 마리아는 오나시스를 비난하지 않았다. 오히려 그를 감쌌다. 아마 그랜드오페라의 피날레라면 관객들이 엄청난 불만을 쏟아낼 것이기에 현실에서처럼 이런 대본으로 막을 내릴 수는 없었을 것이다.

결국 그녀는 '마리아 칼라스'라는 캐릭터를 제대로 연기하지 못하고, 미완성인 채로 현실 무대에서 쓸쓸히 퇴장했다.

목소리는 쉽게 회복되지 않았다. 하지만 마리아에게는 이제 음악밖에 남아 있지 않았다. 마리아는 대인공포증에 걸릴 것만 같은 자신을 꾸짖고 격려했다.

1969년, 피에르 파올로 파솔리니가 감독한 영화 「메디아 Medea」에 주연으로 연기했지만 상업적으로 성공하지 못했다. 그 후 1971년에는 뉴욕의 줄리어드 음악학교의 제안으로 학생들을 가르치기도 했다.

1970년 초반, 세계 각지에서 열린 콘서트 투어로 마리아의 체력과 기력은 급속도로 쇠약해졌다. 1974년, 그녀는 일본 삿뽀로에서의 투어 공연을 마지막으로 더 이상 무대에 서지 못했다. 불면증에 시달리게 되자 신경안정제와 수면제를 복용하기 시작했다.

파리에서 은둔생활을 하던 마리아는 1977년 9월 16일 자택에서 심장마비로 사망했다. 당시 53세였다. 시신은 화장한 뒤 에게 해에 뿌려졌고, 유서는 발견되지 않았다. 1954년에 마리아가 당시의 남편 메네기니 앞으로 쓴 유서에 따라 마리아의 모든 유산은 메네기니의 것이 되었다.

1980년, 마리아 칼라스의 기념관을 만들겠다고 공언했던 메네기니가 약속을 지키지 않은 채 세상을 떠났다. 그의 유언장에는 자신의 전 재산을 가정부에게 상속한다고 쓰여 있었다.

자신을 포기하지 않고 끝까지 노력하다

마리아 칼라스의 연보를 보면 '오디션', '합격', '데뷔', '성공', '프리마돈나'라는 화려한 명사가 계속 나열되어 있다. 그녀의 인생은 처음부터 행운을 타고나 마치 모든 것이 디바의 별 아래 준비되어 있는 듯한 인상을 준다.

그러나 마리아를 키운 지휘자 세라핀은 마리아를 오직 천재라고 부르는 데 거부감을 느낀다고 말했다. 세라핀은 마리아가 자신의 힘으로 성공했으며, 그 열정이 결코 평범하지 않았음을 거듭 강조했다.

세라핀은 마리아의 노래를 듣자마자 장차 크게 성공할 거라고 느꼈다. 마리아는 세라핀의 충고에 열심히 귀를 기울이면서, 조금이라도 발전하기 위해 자신의 모든 시간과 공간을 음악으로 채웠다. 또한 마리아는 오케스트라의 리허설에도 참가했다. 조용히 구석에 앉아 있던 마리아는 세라핀과 눈이 마주치자 조용히 미소 지으며 말했다.

"마에스트로, 저는 오케스트라에서 가장 중요한 악기죠?"

그는 마리아의 열정과 적극적인 태도에 감동했다. 오케스트라의 리허설에 참석하는 가수를 그때까지 본 적도 들은 적도 없었기 때문이다. 세라핀은 마리아에게 충고했다.

"마리아, 음악을 섬기세요. 음악은 위대하거든요. 음악은 당신에게 영원한 고행을 강요하겠지만 그것이 음악가로서의 첫 임무에요."

그녀의 열정과 진지함은 이달고에게 벨칸토 창법을 배울 때에도 그대로 드러난다. 마리아가 이달고에게 받을 수 있는 레슨시간은 하루에 단 한 시간뿐이었다. 하지만 그녀는 이달고의 허락을 받고 아침 10시부터 밤 8시까지 교실에서 보냈다. 다른 학생의 레슨을 눈여겨 지켜보면서 따라 배운 것이다.

마리아는 생각했다.

'아무리 재능이 없는 사람도 재능이 있는 사람이 갖지 못한 무언가를 갖고 있다.'

그녀는 모든 사람들에게서 배울 점을 찾았던 것이다. 신인으로서 한 걸음 앞으로 내딛을 계기가 없을 때, 자신이 없을 때, 레슨비용이 없을 때, 무명의 마리아 칼라스는 이를 한탄하는 대신 지혜롭게 행동으로 옮겼다.

그녀는 현재의 자신의 모습에 결코 만족하지 않았다. 그녀는 좀더 앞으로 나아가려고 노력했고, 앞으로 나아가고 있다고 믿었다.

오늘의 목표, 그것이 골인이 아니었다. 하나의 목표에 도달하면 또 다시 그 다음 목표를 향해 앞으로 나아갔다.

마리아는 자신의 능력과 잠재된 가능성을 누구보다도 잘 알고 있었다. 마리아는 교만함과 겸허함. 그 사이에서 균형을 잡아나갔다. 때로는 다소 균형을 잃으면서도 마리아는 자신에게 절대적인 기대치가 있었다. 그녀는 커다란 기대감을 원동력으로 끊임없이 노력했다.

연보에는 실리지 않은 '실망'이나 '굴욕'도 그녀의 생애에서는 피할 수 없는 만남이었다.

특히 스물한 살 때 아테네 오페라단 멤버에서 제외되어 홀로 아메리카에서 지낸 2년의 시간은 무척 고통스러웠다. 지휘자, 대리인, 흥행사, 음악 관계자 모두 마리아에게 매정하게 대했고, 그녀의 노래에 반응이 없었다. 그때 베로나 음악제의 「조콘다」에 출연 섭외가 들어왔다. 예정했던 가수에게 지불하기에는 예산이 턱없이 부족했던 탓에 그녀에게 주어진 행운이었다.

마리아는 희망과 실망을 동시에 맛보면서도 결코 자신을 포기하지 않았다. 그녀는 날마다 실망의 숫자보다는 희망의 숫자를 더 많이 품으면서 그녀의 본질을 꿰뚫어보지 못하는 '칼라스 이전'의 오페라계를 이겨낼 수 있었다.

이처럼 기회는 기회로 다가오는 것이 아니다. '기'와 '회'의 조각들이 흩어져서 다가온다. 그것이 언젠가는 작은 퍼즐조각이 되어 기회를 만든다. 마리아가 천재가 아니라고 말한 세라핀의 눈은 정확했다. 마리아는 음악을 섬기고 노력에 노력을 거듭했다. 그녀에게는 노력의 천재라는 표현이 더 어울릴지도 모른다.

아가사 크리스티 · *Agatha Christie* 1890~1976

순정적이던 어린 시절

영국 서남부 데번 주의 토키는 최고의 해변 휴양지로 꽃이 잘 자라는 온난한 곳이다. 그 아름다운 마을에서 1890년 9월 15일, 아가사 크리스티가 태어났다. 그때 아버지 프레드릭은 44세, 어머니 클라라는 36세였다. 크리스티는 언니 마가렛과는 열한 살, 오빠 몬티와는 열 살이나 차이가 났다. 오랜만에 가족들의 축하 속에 태어난 막내 아가사는 가족들에게 많은 사랑을 받았다.

유복한 중산층이었던 아버지 프레드릭은 미국인으로 영국 회사에 근무했다. 그는 혈연관계는 없었지만 사촌지간이던 클라라와 정열적으로 결혼을 했다. 클라라가 존경하는 인물은 멘델스존과 테니슨, 나이팅게일이었다. 좋아하는 소설의 주인공은 올컷의 소설 『작은 아씨들』의 둘째 딸 말괄량이 조였다. 클라라는 만일 다시 태어난다면 이번에는 남자로 태어나고 싶다는 생각을 했다.

클라라는 아가사를 위의 아이들과는 다른 교육방법으로 키우겠다고 결심했다. 그래서 아가사를 학교에 보내지 않고 집에서 가르쳤다. 그녀는 아이들이 조금 늦게 문자를 배우는 게 좋다고 생각했다. 하지만 아가사에게는 통하지 않았다. 아가사는 세 살 때부터 책을 선물로 받았다. 아가사는 언어에 강한 흥미를 갖고 있었으며, 상상력이 매우 풍부했다. 아가사는 현실과 동떨어진 환상이나 상상력으로 마음대로 이야기를 만들어내면서 혼자 노는 것을 좋아했다.

교육의 대부분은 독서였다. 쥘 베른, 찰스 디킨즈, 바이런, 키플링, 브론테 자매부터 당시 유행하던 문답집이나 언어와 숫자를 이용한 게임에 이르기까지 아가사가 좋아하는 책들은 다양했다. 그녀는 어른들이 읽는 책까지도 거뜬하게 읽었다.

부족함이 없는 환경에서 부모의 사랑을 받으며 네 살을 맞이한 아가사에게 누군가 물었다.

"불행이란 무엇이지?"

그 물음에 그녀는 이렇게 대답했다.

"좋아하는 사람이 이 세상을 떠나는 거예요."

그 불행이 그녀를 덮친 것은 아가사가 열한 살 때였다. 아버지가 돌아가신 것이다. 아가사는 이제 자신의 유년기는 끝났다고 스스로에게 말했다.

어린 아가사는 음악을 매우 좋아했다. 그녀는 커서 무대에서 노래하는 오페라 가수나 피아니스트가 되고 싶었다. 그녀는 바그너의 「트리스탄과 이졸데 Tristan and Isolde」를 노래하는 날을 꿈꾸었다. 하지만 전문가는 이렇게 말했다.

"아가사는 콘서트에서 노래하는 가수는 될 수 있어요. 하지만 오페라 가수가 되기에는 목소리의 힘이 충분하지 않아요. 앞으로 레슨을 받아도 강해지기는 힘들 거예요."

열여덟 살이 된 아가사는 어깨를 축 늘어뜨리고 힘없이 고개를 숙였다. 어머니는 풀이 죽은 딸에게 단편소설을 한번 써 보라고 권했다. 아가사는 어머니가 시키면 뭐든지 항상 순종하면서 잘 따랐다.

아가사는 즉시 글을 쓰기 시작했다. 제목은 '미녀의 집'이었다. 그녀는 완성된 원고를 잡지사에 보냈다. 하지만 원고는 되돌아왔다. 다른 출판사에도 보냈지만 또다시 반송되었다.

아치벌드와의 만남과 결혼

아가사는 스물두 살이었을 때 파티에서 영국 항공대를 지망하는 젊은 군인 아치벌드 크리스티를 만났다. 그의 뜨거운 눈길에 아가사는 사랑에 빠졌다. 그는 훤칠한 키에 곱슬곱슬한 금발의 청년으로 지나가던 여자들이 뒤돌아볼 정도로 미남이었다. 아치벌드는 인도 태생으로 스물세 살이었으며, 하늘을 나는 것에 대해 특별한 관심을 갖고 있었다.

그를 만나기 전까지 그녀에게는 이루지 못한 만남이 몇 번 있었다. 아가사가 아치벌드에게 반한 이유는 그가 무슨 일이든지 자신과는 극단적으로 다른 반응을 보이기 때문이었다. 그 점이 그녀의 호기심을 자극했다.

1914년 8월, 제1차 세계대전이 발발했다. 당시 영국에서는 노동조합의 선동, 아일랜드의 독립운동, 여성해방과 참정권을 요구하는 여성들의 시위 등 다양한 변화의 폭풍전야 속에서 상류층과 중산층 사람들이 여름휴가를 즐기고 있었다.

어느 날 아치벌드가 아가사에게 프로포즈를 했다. 이들의 결혼은 최악의 사태를 두려워하여 날짜를 연기하느냐 마느냐로 의견이 나뉘었지만, 아치벌드가 결단을 내렸다. 그들은 크리스마스 휴가를 이용하여 식을 올렸다. 하지만 따로 떨어져 지내야 하는 결혼생활이 시작되었다.

얼마 후 아치벌드는 대위로 승진했다. 아가사는 토키의 육군병원에서 일했다. 그녀는 약사 자격을 취득하기 위해 시험 준비에 돌입했다. 원래 아가사는 수학에 재능이 있었다. 기호나 부호, 리스트나 측정에도 관심이 많은 그녀의 노트에는 물질의 형상이나 특성이 빼곡하게 적혀 있었다. 열심히 공부한 그녀는 마침내 시험에 합격했다. 병원 약국에서 생긴 일과 독약의 지식 등이 그녀의 생활 속에 들어왔다.

이윽고 아치벌드는 대령이 되었다. 아가사는 병원을 그만두고 런던으로 갔다. 두 사람이 함께 지내는 생활이 본격적으로 시작되었다. 그들은 세계대전중 4년 동안 따로 떨어져 지내거나 함께 지내기도 했는데 어느새 그런 생활에 익숙해져 있었다.

추리소설 작가 아가사 크리스티

아치벌드는 매일 늦게 귀가했다. 아가사는 속기와 부기 강좌를 들으러 다녔다. 그녀는 약국에서 일하면서 살인과 의료과오에 대해 생각했다. '어쩌면', '그럴 마음만 먹는다면' 하는 발상으로 스토리가 점차 구성되어갔다.

그녀는 어렸을 때부터 수수께끼나 불길한 것에 대해 이상할 정도로 흥미를 가졌다. 게다가 그녀는 자신의 생각을 입 밖으로 내지 않고 머릿속에서 이런저런 공상을 하는 것을 좋아했다. 그녀는 스스로 비밀주의를 인정했을 정도로 남에게 털어놓는 걸 싫어했다.

1918년, 드디어 전쟁이 끝났다.

1919년, 아가사는 그토록 기다리던 아기를 품에 안았다. 딸의 이름은 셰익스피어의 『뜻대로 하세요』의 주인공 이름을 따 로잘린드라고 지었다.

1920년, 4년 전 출판사에 보낸 『스타일스 저택의 괴사건*The Mysterious Affair at Styles*』이 드디어 세상의 빛을 보게 되었다. 마침내 탐정 에르퀼 푸아로가 등장한 것이다. 아가사의 애독서였던 코난 도일의 소설 주인공 셜록 홈즈에게서는 찾을 수 없는 독특한 매력을 지닌 인물로 벨기에 출신의 퇴직경찰 푸아로가 주인공이다.

아치벌드는 공군을 그만두고 경제계로 이직했다. 그는 아내의 일에 협조적이었다. 아가사는 두 번째 작품인 『비밀 결사*The Secret Adversary*』에 이어 세 번째 작품 『골프장 살인 사건*Murder on the Links*』을 출판했다. 두 작품 모두 호평을 얻었으며, 아가사는 신진 추리소설 작가로 주목받기 시작했다.

1923년 서른세 살에 아가사는 대영제국박람회의 홍보사절이 된 아치벌드와 함께 세계일주 여행을 떠났다. 그들은 남아프리카, 오스트레일리아, 뉴질랜드, 하와이, 캐나다, 미국 등을 돌아다녔다. 그들은 10개월간의 여행으로 다양한 체험을 하고 귀국했다.

아가사에게 작가라는 직업은 더 이상 취미나 오락이 아니었다. 그녀는 작가로서 의욕에 불타 1924년에『갈색 양복의 사나이 *The Man in the Brown Suit* 』를 발표했다. 책의 판매가 순조롭게 진행되자 그녀는 완전히 자신감을 얻었다.

1926년에 어머니 클라라가 세상을 떠났다. 아가사의 충격은 매우 컸다. 아치벌드는 업무상 스페인에 출장중이었다. 의기소침해진 아가사의 심정을 그는 전혀 이해하지 못했다. 아치벌드는 우울한 분위기를 극단적으로 싫어하는 성격이었다. 아가사는 그런 그가 불만이었지만 아무 말도 하지 않았다. 같은 해에『애크로이드 살인 사건 *The Murder of Roger Ackroyd* 』이 간행되어 대히트했다. 이야기의 트릭을 둘러싸고 논쟁이 벌어지면서 책은 더 많이 팔렸다.

아가사 크리스티의 실종

그 해 가을, 아가사에게 큰 사건이 벌어졌다. 남편 아치벌드가 그녀와 이혼하고 싶다는 말을 꺼낸 것이다. 그에게는 이미 낸시 닐이라는 사랑하는 여자가 있었다. 아가사의 나이 서른여섯 살이었다. 새 집과 차를 구입하고, 작가로서 일에 매진하고자 결의를 다지며 행복이 무엇인지를 이제막 느끼려던 참이었다.

그녀는 골프에 열중하는 아치벌드에게 잔소리를 한 적도 없었다. 그런데 아치벌드는 함께 골프를 즐기던 낸시와 서로 사랑에 빠진 것이다. 아치벌드보다 열 살 정도 연하인 낸시는 아가사도 아는 여자여서 그 충격은 더욱 클 수밖에 없었다.

아가사에게 이혼이란 곧 결혼의 실패를 의미했다. 그녀는 이러한 사실이 세인들에게 알려지는 것이 싫었다. 행복한 가정생활을 위해 부부가 서로 노력해야 했는데 그들의 관계는 이미 늦었다.

아치벌드가 말했다.

"나는 내가 원하는 것을 손 안에 넣지 못하면 견딜 수가 없고 불행한 것도 참을 수 없어. 모두가 행복할 수는 없는 거야. 결국 누군가는 불행해질 수밖에 없어."

아가사는 말하고 싶었다.

'하지만 왜 그게 당신이 아니라 나여야 하는 거죠?'

그러나 아가사는 아치벌드가 그 말을 하기 전까지 그가 자신과의 결혼생활에 그토록 불만을 품고 있을 거라고는 전혀

아가사는 누구나 자신의 길을 자신의 형태에 맞게 발견해낸다고 생각했다.
평생 대화에 서툴렀던 그녀는 자신의 내밀한 상상들을 글로써 표현했다.

상상하지 못했다.

그녀는 범죄자보다는 희생자 쪽에 더 많은 관심을 두고 탐정소설을 써왔다. 그리고 아치벌드로부터 이혼선고를 듣는 순간, 사건을 창작하는 작가인 자신도 희생자의 처지에 놓였다고 느꼈다. 그녀는 숨이 막힐 정도로 굴욕감을 느꼈다.

순간, 자신이 그토록 지키고 싶었던 따뜻한 가정을 파괴한 아치벌드에 대한 아가사의 분노가 마그마처럼 분출되었다. 36년간을 도덕적이고 이성적이며, 평화주의자로 참을성을 갖고 살아온 자신에게 아치벌드가 저지른 행위는 절대로 용서할 수 없는 일이었다. 아가사는 마치 자신을 부정하는 듯한 아치벌드의 처사가 못 견디게 힘들었다.

1950년, 아가사는 자서전을 집필하기 시작했다. 탈고는 무려 15년 후에야 이루어졌다. 그 자서전에서 아가사는 스스로 '3대 미덕'이라고 표현한 신앙과 희망, 사랑에 관해 말했지만, 실종사건에 대해서는 전혀 언급하지 않았다.

자서전에 따르면 아가사 크리스티가 생애에서 가장 흥분했던 적이 딱 두 번 있었다고 한다. 첫 번째는 회색 자동차 모리스 카우리를 손에 넣었을 때이고, 두 번째는 버킹검궁전에서 여왕 엘리자베스 2세와 함께 식사를 했던 순간이다. 그 어느

쪽도 자신에게는 절대로 일어나지 않을 거라 생각했다고 쓰여 있다.

그렇다면 아가사의 생애에서 가장 비참한 체험은 무엇이었을까? 당연히 아치벌드 크리스티로부터 받은 이혼선고일 것이다. 그녀는 자신에게 그런 일이 일어나리라고는 꿈에도 상상해본 적이 없었다.

아치벌드와 아가사는 무슨 일이든지 극단적으로 서로 전혀 다른 반응을 보였다. 아가사는 처음에 그것이 신선했다. 아가사는 그의 대담함과 강인함, 그리고 쉽게 정에 휩쓸리지 않는 냉정함에 매료되었다.

그녀는 아치벌드가 한 번 결심하면 절대로 뒤로 물러서지 않는 남자라는 걸 충분히 알고 있었다. 그래서 아치벌드로부터 이혼 결심을 듣고 난 후에 아가사는 밤잠을 이루지 못하고 식사도 거의 하지 못했다.

12월 3일 밤, 아가사는 차를 몰고 집을 나갔다. 그리고 그녀는 11일간 행방불명되었다. '아가사 크리스티 실종사건'이 대대적으로 보도되자 그녀는 언론의 주목을 받았다. 그렇게 아가사와 아치벌드와의 관계가 깨졌다는 사실이 세상에 알려지게 되었다. 아치벌드는 연인 낸시의 명예와 안전을 지키기 위해 무척 애를 썼다.

12월 14일, 아가사는 해러게이트의 호텔에서 발견되었다. 그녀는 그곳에서 미세스 테레사 닐이라는 이름을 쓰고 있었다. 실종사건 후에 아가사는 침묵을 지켰고, 의사는 단기 기억상실증이라는 진단을 내렸다.

실종된 아가사가 해러게이트의 호텔에서 아치벌드의 애인인 낸시 닐의 성을 쓰고 있었던 점은 결코 우연이 아닐 것이다. 아가사는 자신이 낸시가 되고 싶을 정도로 아치벌드의 마음을 붙잡은 그녀에 대해 질투의 불길을 활활 태우고 있었다.

하지만 아가사는 질투하는 자신을 인정하고 싶지 않았다. 자신이 쓴 소설의 등장인물에는 복수와 질투, 살의의 감정을 갖게 했지만, 자신의 마음속에서는 그것을 인정하고 싶지 않았던 것이다.

더구나 자신이 이혼녀로서 세상 사람들의 입에 오르내리는 것도 도저히 참을 수 없었다. 그녀는 이혼의 원인이 자신이 아닌 아치벌드에게 있다고 생각했다. 그녀는 그에게 사회적으로 상처를 주고, 그가 무너지는 모습을 보고 싶었다.

그런데 질투의 감정을 그대로 방치했기에 질투는 복수심으로 변질되었다. 결국 아가사는 혼란스러운 나머지 어리석은 행동을 취하고 말았다. 경찰당국이 대대적인 수색을 시작하고, 매스컴이 자신의 실종을 앞 다투어 신문 일면을 장식하자 그녀는 깜짝 놀랐다. 완전히 그녀의 계산착오였던 것이다. 결과는 아치벌드보다도 오히려 아가사의 인생에 커다란 오점을 남기고 말았다.

1928년 4월, 이혼소송 법정에서 아치벌드가 낸시의 존재를 밝히지 않을 것을 그녀에게 요구했다. 아홉 살 난 딸 로잘린드의 보호 양육권을 아가사에게 양보한다는 조건이었다.

이혼이 정식으로 성립된 건 가을이었다. 아치벌드는 곧바로 낸시 닐과 결혼했다. 이후 그들에게 아들이 태어났고, 30년 넘게 행복한 결혼생활이 지속되었다. 낸시 닐이 암으로 사망한 지 4년 후에 아치벌드가 세상을 떠났다. 그는 종교에 관심이 없어 꽃이나 장례식은 물론 묘지 앞에서 예배할 필요도 없다는 말을 남겼다.

아치벌드는 아가사와는 전혀 다른 인생관과 가치관을 가지고 있었다. 아가사가 그런 현실을 직시하고 자신의 질투를 인정했다면, 아마도 죄책감에서 일찍 해방되어 좀 더 밝은 인생을 살 수도 있었을 것이다.

젊은 고고학자와의 만남

1930년 마흔 살에 기분전환을 위해 떠난 바그다드 여행에서 새로운 만남이 있었다. 그는 옥스퍼드를 막 졸업한 스물일곱 살의 젊은 고고학자로 유적지를 안내해준 맥스 맬로원이었다. 맥스는 고대도시의 발굴에 호기심이 많은 조용한 성격의 남자였다. 끊임없이 어떤 살인사건을 상상하며 호기심으로 눈동자를 반짝거리는 아가사의 성격과 닮아 있었다.

열네 살의 나이 차이를 무시하고 맥스가 아가사에게 청혼하기까지는 그리 오랜 시간이 걸리지 않았다. 맥스 맬로원이라는 파트너를 얻은 후에 아가사의 얼굴은 다시 웃음을 찾았다. 이후 그녀는 새로운 남편과 함께 매년 이라크와 시리아의 발굴탐험에 동행했다.

제2차 세계대전이 발발했다. 딸 로잘린드는 결혼하여 아이를 낳았고, 전쟁에 참가한 로잘린드의 남편은 전사했다. 강인한 아가사도 차츰 지치기 시작했다. 하지만 그녀는 쉬지 않고 계속 글을 썼다. 그렇게 함으로써 맥스의 일을 도울 수 있다는 게 기뻤다. 고고학은 아가사의 관심사이기도 했다. 그녀는 맥스의 일을 자랑스럽게 생각했다. 고고학은 탐정의 일과 닮았다. 단서를 발견하고 조각을 맞추면서 진실을 추리해나가기 때문이다.

일흔 살이 되어도 아가사의 열정은 여전했다. 또한 그녀의 보수적인 가치관은 더욱 확고해졌다. 그녀는 탐정소설이란 권선징악의 직계 자손이라고 믿었고, 정의는 곧 공정성이라고 생각했다.

세계 최고의 베스트셀러 작가에게는 비즈니스상의 문제도 많았다. 한 가지를 해결하면 또 다른 문제가 생겼다. 변호사, 회계사 등 전문가의 지혜를 빌려도 복잡한 일들을 해결하는 데 몇 년이나 걸렸다. 국세청이 그녀의 수입에 대해 감시하는 등 맞서 싸워야 할 대상은 끝이 없었다. 특별부가세의 지불에 아가사는 불만과 분노를 쏟아내며 말했다.

"나는 여러분을 위해 재주를 부리는 개가 아닙니다. 작가라구요."

1968년, 맥스는 고고학에 대한 업적을 높이 평가받아 기사 작위를 받았다. 아가사는 미세스^{Mrs : 부인} 맬로원에서 그토록 염원하던 레이디^{Lady : 귀부인} 맬로원이 되었다.

1970년 아가사가 여든 살이 되었을 때 그녀는 80권째 저서 『프랑크푸르트행 승객^{Passenger to Frankfurt}』을 완성했다. 만년에 아가사는 성미가 까다롭게 변했다. 남에게 의지해야 하는 생활에

짜증이 난 그녀는 종종 주위 사람들에게 화풀이를 했다. 그러나 옆에 간병인이 없으면 생활할 수 없었다.

1976년 1월 12일, 감기가 심해진 아가사가 중얼거렸다.

"이제 그만 신의 곁으로 가야겠어."

그녀는 윈터부르크에서 점심식사를 마친 후 숨을 거두었다. 그녀는 자신의 비석에 이렇게 써달라고 했다.

'힘들고 지친 삶을 살다 여기 편히 잠들다. 거친 바다를 항해하고 마침내 도착한 항구, 치열한 삶 뒤에 찾은 안락함, 열심히 살다 맞이하는 죽음은 큰 기쁨이다.'

그녀는 자신의 장례식에서 바하의 「조곡 3번」부터 「E장조의 아리아」, 「엘가의 변주곡」을 연주해달라는 유언을 남겼다.

1977년 맥스는 전부터 애인 관계였던 바바라 파커와 재혼했다. 그녀는 맥스의 고고학 클래스 학생이었다. 아가사는 그들의 관계에 대해 이미 10년 전부터 눈치를 채고 있었지만 모른 척했다.

1978년, 맥스는 심장병으로 사망했다. 그는 조루지의 묘지에 있는 아가사 옆에 묻혔다. 바바라는 1993년 가을에 세상을 떠났다. 바바라는 맥스와 함께 조루지의 묘지에 묻히고 싶어 했지만 그녀의 바람은 이루어지지 않았다.

현재 전 세계에서 어느 정도 읽혀지고 있는지 확실한 숫자
를 알 수 없을 정도로 지금도 그녀의 소설은 인기가 높다.

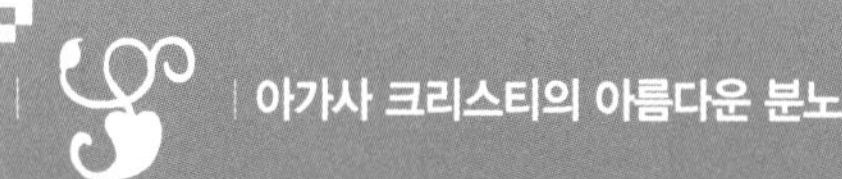

'자신이 원하는 사람'이 될 수 있다

"저는 말하는 게 서툴러요"

아가사는 자서전에 이렇게 썼다.

"저는 하고 싶은 말이 많지만 제대로 표현하지 못했어요. 말을 잘 하려고 할수록 오히려 말이 없어지는 버릇이 있었어요."

내성적이고 풍부한 상상력에 복잡한 성격의 소녀는 혼잣말을 하면서 혼자 노는 것이 하루의 일과였다.

아홉 살 무렵, 그런 아가사의 모습을 지켜본 할머니가 누군가에게 자신의 이야기를 하는 것을 듣는 순간 그녀는 큰 충격을 받았다.

자신의 방을 누군가 몰래 문틈으로 들여다본 것 같은 기분이었다.

아가사는 그때 이후로 혼잣말은 일체 하지 않고 마음속으로만 표현했다.

그녀는 비밀을 간직하는 걸 좋아했다. 그녀는 비밀주의로 자신만이 알고 있는 이야기나 자신만의 느낌, 그리고 꿈과 상처 등을 절대로 다른 사람에게 이야기하지 않았다.

그 결과, 그녀는 대화법이 많이 서툴렀다. 아가사가 10대 후반이었을 때 파티에서 그녀의 댄스 상대였던 연상의 남자가 아가사의 엄마 클라라에게 이렇게 조언을 했다.

"따님이 춤을 잘 추네요. 그런데 앞으로는 따님에게 대화하는 법도 꼭 가르쳐주세요."

그 정도로 아가사는 말이 없는 매우 소극적인 아이로 비쳐졌다.

그러나 그녀의 마음속에는 많은 비밀이 있었고, 하고 싶은 이야기도 많았다. 하지만 어떻게 이야기해야 좋을지 망설이거나 고민하는 사이에 시간이 흘러가버리곤 했다.

아가사는 자신의 서툰 대화술을 결코 부끄러워하지 않고, 오히려 비밀을 간직하는 걸 즐겼다. 그 비밀을 노트에 기록하고 호기심과 상상력을 더하자 글쓰기에 재능이 있던 그녀의 탐정소설 분야는 무한대로 넓어졌다.

그녀는 자신에게 여배우와 같은 재능이 있어서 '연기를 할 수 있었으면 좋았을 텐데' 하고 한탄했다. 그녀는 자신의 자서전에서 오로지 글 쓰는 재주밖에 없는 작가들 중에는 내성적인 사람이 많기 때문에 많은 격려가 필요하다고 썼다.

처녀작 『스타일스 저택의 괴사건』에서 아가사는 탐정 푸알로를 통해 이 세상 최고의 행복은 한 남자와 한 여자의 행복이라고 말했다. 아마 그것이 아가사 자신의 인생관이었을 것이다.

아가사는 평생을 사는 동안 대화가 서툴렀고, 무수한 비밀을 안고 살았다. 하지만 그 비밀과 인생의 분노를 통해 80권의 탐정소설을 완성했다. 그녀는 자신이 어디까지나 범죄자를 벌하는 측에 있었다고는 하지만 각각의 살의에 관해서는 신중한 관찰자이자 일종의 공범자이기도 했다.

그녀는 자서전에서 또 이렇게 말했다.

'사람은 자신이 원하는 사람이 될 수 있다고 생각한다. 사람은 어떻게 해서든지 자신의 길을 자신의 형태에 맞게 발견해낸다.'

그녀는 자신이 원하는 사람이 되고자 노력했다. 현대 여성들은 자신이 원하는 사람이 되기 위해 이상을 좇는 것처럼 보이지만, 실제로는 환상이나 망상에 휘둘리는 경우가 많다. 그에 비해 아가사는 일에서도 연애에서도 주어진 기회를 자신의 스타일에 맞추어 '자신이 원하는 사람'이 되기 위해 자기 연마에 활용한 점이 놀랍다. 그녀는 겉으로는 상냥하고 보수적이며 대화가 서툴러 보이지만, 사실은 강인하고 정열적인 아마존이었던 것이다.

타협도
　　포기도 모르는
끝없는 도전

마리 퀴리 *Marie Curie* 1867~1934

1891년 11월 어느 날 오후, 스물세 살의 마리아 살로메 스클로도프스키를 태운 열차가 바르샤바 역을 출발했다. 그녀는 8년 동안 꾸준히 가정교사를 해서 모은 돈으로 가까스로 얻은 기회를 붙잡기 위해 파리로 향하고 있었다. 폴란드에서는 책을 통해서만 배울 수 있었지만, 이제는 우수한 교수 및 동료들과 의견을 교환하며 배울 수 있다. 과학에 집중할 수 있다는 생각에 마리아의 얼굴에 미소가 번졌다.

마리아의 아버지 블라디 슬라프 스클로도프스키는 과학교수였다. 그는 1860년에 브로니슬라바 보구스키와 결혼했다. 둘 다 하급귀족 출신이었지만 영지와 재산을 잃고 가난한 생활을 하고 있었다. 그들에게는 아이가 다섯 명이나 있었다.

1867년 11월 7일, 막내 마리아 살로메가 탄생했다. 마리아가 네 살이 되었을 때 어머니가 결핵에 걸렸다. 어머니는 병을 옮기지 않기 위해 마리아에게 입맞춤은 커녕 제대로 안아주지도 못했다. 1876년에 큰언니 소피아가 장티푸스로 목숨을 잃고, 1878년에는 어머니가 마흔둘의 나이로 세상을 떠났다. 그 당시 마리아는 열 살이었다.

스클로도프스키가의 아이들은 모두 학교를 수석으로 졸업

할 만큼 영특했다. 마리아는 열다섯 살에 독일의 중등교육기관인 공립 김나지움을 졸업했다. 최우수 학생인 마리아에게 금메달이 수여되었다.

둘째 언니 브로니아는 파리로 가서 의학공부를 하고 싶다고 했다. 마리아는 언니에게 생활비를 보내주기 위해 가정교사가 되었다. 그녀는 입주 가정교사가 되어 아이들을 가르치는 한편, 독학으로 자신의 장래를 대비했다. 언니가 의사가 되면 마리아를 파리로 불러주기로 약속했기 때문이었다.

언니 브로니아는 소르본대학교를 졸업하고 의사와 결혼했다. 그들은 자택을 진찰실로 만들고 병원을 개업했다. 마리아는 언니네 집에서 하숙하기로 했다.

소르본대학교는 파리대학에 속한 문학부, 이학부, 고문서학교 등의 통칭이다. 통제된 러시아의 교육과정과는 달리 소르본대학교의 교수법과 배움의 방식은 매우 자유로웠다. 소르본대학에서는 세계 유수의 교수들의 강의를 선택해서 들을 수 있었다. 브로니아는 여동생을 소르본대학교에 데리고 가서 등록을 시켰다. 그리고 마리아라는 이름을 프랑스식인 마리로 바꾸었다.

얼마 후, 마리는 언니의 집을 나와 가난한 예술가와 창녀,

학생들이 모여 사는 라탱 구역으로 이사했다. 계단을 올라가면 그녀의 다락방이 있었다. 방에는 작은 스토브 하나가 전부였는데, 얼마나 추운지 세면기의 물이 꽁꽁 얼어버릴 정도였다. 그녀는 추위를 견디기 위해 모든 옷을 꺼내 침대 위에 깔고 잤다.

이학부에서 공부하던 2천여 명의 학생중에 여학생은 마리를 포함하여 스물세 명뿐이었다. 프랑스의 전통에 따라 교실 안에서는 여자라고 해서 크게 차별하지 않았지만 교실 밖에서 여자들이 받는 대우는 프랑스 역시 폴란드와 크게 다르지 않았다.

당시에는 재산이 있으면 남녀 모두 세금이 동등하게 부과되었지만 여성에게는 참정권이 없었다. 이혼하면 여자는 재산과 수입, 아이의 양육에 관한 모든 권리를 포기해야만 했다. 종교와 행정적인 보호를 잃고 나면 남는 건 오로지 불명예와 가난뿐이었다.

이런 사회적 환경 속에서도 마리는 학업에 열중했다. 그녀는 수업과 실험, 도서관에서 자습을 마치고 집으로 돌아와서도 밤늦게까지 공부를 게을리 하지 않았다. 그리고 한 가지 의문이 생기면 끝까지 파고들었다. 타협도 포기도 하지 않았다.

한 문제가 풀리면 그 다음 문제에 도전했다. 마리는 끝없는 도전을 계속했다.

1893년, 마리는 물리학 학사시험에 1등으로 합격했다. 그러나 문제는 생활비였다. 집세를 지불하고 나면 남는 돈이 거의 없었다. 파리에서의 생활이 걱정이었다. 그녀를 위해 스승인 리프만 교수가 국립공업진흥협회의 일을 주선해주었다. 덕택에 원조금을 받아 금속의 자성(磁性) 연구를 계속할 수 있었다.

피에르 퀴리와의 만남과 결혼

1864년, 마리의 지인이 어느 물리학자를 만날 것을 권했다. 무명이지만 마리가 연구하는 자기(磁氣)의 법칙에 관해서는 프랑스 제일의 전문가라고 했다. 그는 서른네 살의 피에르 퀴리라는 독신남자였다.

두 사람은 태어난 국가는 달랐지만 성장 과정이 무척 닮아 있었다. 피에르는 할아버지와 아버지, 그리고 형까지 모두 의사였다. 마리의 집안 역시 할아버지와 아버지가 과학자로 3대에 걸친 과학자 집안이었다. 마리와 피에르는 자연계의 여러 현상에서 과학적 지식이 형성된다는 것을 배우며 자랐다. 그들은 인간을 둘러싼 눈에 보이지 않는 우주의 감성에 매우 민감했다.

피에르는 어렸을 때부터 수학적 개념을 생각하는 능력이 뛰어났다. 피에르의 아버지는 이처럼 아들이 갖고 있는 능력이 잘못될까 일반 초등교육을 거부하고 가족과 가정교사가 직접 피에르를 지도하게 했다. 열여섯 살에 피에르는 이학부의 입학 자격을 얻었다.

마리와 피에르는 의기투합하여 자주 이야기를 나누었다. 대범하고 낭만적인 피에르는 말수는 적지만 솔직한 성격에 성실하고 총명한 마리를 사랑했다. 그러나 그녀가 사랑하는 건 과학이었다. 여름방학이 되자 마리는 바르샤바로 돌아갔다. 피에르는 편지로 구애를 계속했다.

1895년 7월 26일, 마침내 두 사람은 결혼했다. 둘은 당시 한창 유행하던 자전거 여행으로 신혼여행을 떠났다. 브르다뉴의 해안선에서 산지를 거슬러 올라가 10월이 되어서야 파리로 돌아왔다. 1897년 9월에 장녀 이렌이 태어났다.

마리는 연구와 육아를 병행하면서 자신의 삶에 최선을 다했다. 그녀는 점심과 저녁에는 수유를 위해 집으로 왔다가 다시 연구실로 향했다. 유모를 고용하며 완벽을 추구했지만 그래도 아이가 걱정이 되어 날이 갈수록 신경이 날카로워졌다.

그 무렵 피에르의 어머니가 세상을 떠나자, 시아버지인 외젠 퀴리가 그녀에게 구원의 손길을 뻗었다. 그는 육아와 가사를 돕겠다고 제안하고 나섰다. 그들은 파리 교외에 함께 살 집을 발견했다. 이렌의 놀이 상대는 오로지 할아버지 외젠 퀴리뿐이었다.

피에르는 거의 주목받지 않았던 베크렐선을 연구해보라고 마리에게 권했다. 베크렐선은 우라늄선이라고도 불렸는데, 우라늄과 그 외의 광물에서 나오는 상당히 강한 방사선이었다. 마리는 피에르와 그의 형 잭이 설계한 전위계를 사용하여 실험을 반복했다. 섬세한 전위계를 보며 원소를 조사했는데, 손목과 팔의 유연함이 필요했다. 광점을 응시한 채 저울추를 올리는 작업과 지침의 흔들림을 정확하고 재빠르게 측정하는 운동신경이 요구되었다.

힘든 작업을 계속해서 반복해야 했지만 마리는 행복했다. 두 사람의 화제는 늘 공통적이었다. 연구와 자신들의 미래에 대해 그들은 같은 꿈을 꾸었다. 순수 라듐을 찾는 이들의 연구는 3년째에 접어들었다. 정제 도중의 물질은 어둠 속에서 빛을 발했다. 그 빛은 방사성 원자 에너지가 방출되어 생겨난 것

마리는 한 가지 의문이 생기면 끝까지 파고들었다. 한 문제가 풀리면 다음 문제에 도전했다.
끝없는 도전의 연속이었다.

이었다. 하지만 그 빛이 인체에 끼치는 영향을 두 부부는 알지 못했다.

피에르는 류머티즘을 앓게 되었지만 실험실의 습기와 빗물의 누수가 그 원인이라고 생각하여 그다지 걱정하지 않았다. 마리도 급격히 야위어갔지만 그녀 역시 그저 단순한 과로라고만 생각했다.

1898년 7월, 방사능을 가진 신화학 원소의 존재를 예고했다. 마리는 조국 폴란드의 이름을 따서 폴로늄polonium이라고 명명했다. 이는 강력한 방사성 원소의 하나로, 우라늄 광석에 들어 있는 회백색의 금속이다. 12월에는 라듐radium을 발견했는데, 원자과학의 선구라고 할 만한 대단한 발견이었다.

1902년, 마리의 아버지가 세상을 떠났다.

노벨물리학상을 수상하다

1903년 12월, 마리와 피에르 퀴리 그리고 물리학자 앙리 베크렐이 라듐을 발견한 공적으로 노벨물리학상을 공동 수상했다. 방사능의 SI 단위인 베크렐Bq은 앙리 베크렐을 기리기 위한 것이다.

노벨상은 다이너마이트를 발명한 화학자이자 실업가였던 알프레드 노벨이 자신의 유산을 스웨덴 아카데미에 기탁한 데서 비롯되었다. 문학, 의학, 물리학, 화학, 평화 분야에서 현저한 업적을 표창하는 데 사용하기로 결정된 후, 1901년 제1회 노벨물리학상은 최초로 X선을 발견한 독일의 물리학자 빌헬름 콘라드 뢴트겐에게 수여되었다.

1904년 12월, 둘째딸 에브가 태어났다. 그해에 피에르는 파리대학 이학부의 교수가 되었다. 마리는 오랜 기간에 걸친 연구로 인한 우울증에서 벗어나기 위해 오랜만에 새 옷을 주문하고 연극을 보러 가기도 했다. 또한 프랑스의 조각가 오귀스트 르네 로댕의 작업실을 방문하기도 했다.

그리고 1906년이 다가왔다. 과도한 실험 탓에 피에르는 손가락 끝이 갈라지는 등 전신에 통증이 심해졌다. 4월 19일 비 내리는 오후, 피에르는 도로를 건너려는 순간 마차 앞에서 비틀거렸다. 그런데 말 두 필이 끄는 무거운 짐을 실은 마차가 그를 덮치는 바람에 마흔아홉 살의 아까운 나이로 생을 마치고 말았다.

피에르가 사망한 후, 마리는 피에르의 강좌를 이어받았다. 120명을 수용할 수 있는 대형 강의실에 수백 명이 모였다. 프랑스의 제1호 여성 교수 마리는 감정을 억누르고 조용히 강의를 시작했다.

마리에게 피에르가 없는 인생은 태양을 잃은 지구와도 같았다. 그녀는 도저히 견뎌낼 수가 없었다. 그러다 보니 아이들에게는 거의 의무적으로만 대할 뿐 자상한 배려는 하지 못했다. 마리는 자기만의 세계에 틀어박혀 좀처럼 헤어나지 못했다. 그녀는 운명의 잔인함에 분노하고 슬퍼했다. 실험실이 그녀의 유일한 피난장소였다. 그녀는 피에르가 어딘가에 있을 것만 같았다.

마리는 딸들에 대한 교육을 갈수록 엄하게 했다. 분노는 물론 기쁨과 슬픔의 감정도 밖으로 표현해서는 안된다고 가르쳤다. 울거나 큰 소리를 내는 일도 금지했다. 어렸을 때 따뜻한 엄마 품에 안겨본 일이 없었던 마리는 딸들에게 애정을 표현하는 게 서툴렀다. 딸들은 마리에게 편지로 자신의 생각을 전했지만 마리는 답장을 쓰지 않았다. 딸들과 함께 놀아주고, 농담을 하고, 책을 읽어주는 일은 오로지 할아버지의 몫이었다.

1910년, 외젠 퀴리가 세상을 떠났다. 사랑하는 할아버지를 잃은 큰딸 이렌의 충격은 매우 컸다.

마리는 자신이 해낸 일은 딸들도 해낼 수 있을 거라고 생각하여 자신에게 부족한 부분까지도 딸들에게 요구했다. 마리는 딸들에게 스키와 자전거, 승마, 등산 등으로 몸을 단련시키는 것은 물론 요리와 재봉까지 배우게 했다.

큰딸 이렌은 마리의 기대에 부응하려고 노력했다. 그녀는 과학에 흥미가 있어서 향학열이 높았다. 이렌의 명석한 두뇌는 마리의 자랑거리이기도 했다. 작은 딸 에브에게는 음악적인 재능이 있었다. 이렌은 마리와 마찬가지로 옷차림에는 별로 관심이 없었지만, 에브는 예술적인 감수성이 많아 옷 입는 스타일도 꽤 까다로웠다.

폴 랑주뱅과의 만남과 이별

마리는 피에르가 세상을 떠난 후부터 늘 검은 옷만 입었다. 그러던 어느 날, 마리가 최신 유행의 하얀 드레스를 입고 가슴에는 분홍 장미 한 송이를 꽂고 나타났다. 주위 친구들은 모두 깜짝 놀랐다. 사교적인 모임은 일체 피하고 오로지 연구에만 몰두하던 그녀에게 도대체 무슨 일이 일어난 것일까. 그 이유는 2차 X선을 연구한 당대 물리학자인 폴 랑주뱅 때문이었다.

그는 피에르의 제자로 마리보다 다섯 살이나 연하였는데, 키가 훤칠하고 군인 같은 분위기를 풍기는 남자였다. 폴은 당시 유행하던 콧수염을 기르고 눈빛이 강렬한 과학자이자 수학자로서 명석한 두뇌의 소유자였다.

피에르가 세상을 떠난 후, 마리는 무척 수척해졌다. 마리는 살아갈 이유를 완전히 잃어버려 딸들의 존재조차 무거운 짐으로 느꼈다. 가슴에 커다란 구멍이 생겨버린 것이다. 그 구멍을 메워준 사람이 바로 폴 랑주뱅이었다.

마리가 소르본대학교에서 일할 때 강의 준비를 도와주던 그는 자연스럽게 그녀와 사생활에 관한 이야기까지 나누게 되었다. 그에게는 아이들이 네 명이나 있었지만 아내 잔과의 관계는 그다지 좋지 않아 툭 하면 다투곤 했다.

폴과 연인 사이가 된 마리는 그에게 정열이 넘치는 편지를 보냈다. 그녀는 피에르를 대신할 남자를 만났다고 생각했고, 그와의 공동연구뿐만 아니라 결혼까지 기대했다. 두 사람의 밀회를 알게 된 폴의 아내 잔은 분노했다. 그녀는 그전까지 폴의 바람기를 묵인했지만, 상대가 마리라는 것을 안 순간 도저히 참을 수 없었다.

마리는 마르게리트 보렐이라는 여자친구에게 폴에 대해 이렇게 말했다.

"너와 나는 강해. ……하지만 그는 약해."

그녀는 그 때문에 자신의 명성에 흠이 갈 수도 있는 치명적인 위험을 감수하고 있었다. 그리고 둘의 사랑이 이루어지지 않는다면 죽음까지도 선택할 수 있다는 집착이 강한 내용의 편지를 폴에게 보냈다. 하지만 그는 집을 나왔다가 다시 들어가는 등 아내와 마리 사이에서 우유부단한 태도를 취했다. 마리는 건강이 점점 악화되었고, 정서불안으로 딸들을 보살피는 것조차 할 수 없을 정도였다.

1910년 7월, 마리와 폴은 소르본대학교 근처에 방 두 개가 달린 작은 아파트를 빌려서 '둘만의 집'이라 부를 만큼 친밀한 관계로 발전했다. 폴의 아내 잔이 그 사실을 눈치 챘다. 그녀는 먼저 폴이 마리에게 보낸 편지를 사람을 시켜 훔쳐냈다. 마리가 보낸 편지도 손에 넣었다. 잔은 그 편지를 증거로 마리의 명예를 실추시키겠다며 강한 태도로 돌변했다. 게다가 마리를 죽여버리겠다며 몹시 분노했다. 마리는 두려웠다. 그녀는 폴과의 사생활을 세상에 알리고 싶지 않았다.

"당신의 부인이 즉시 별거를 받아들이지 않을 것이 확실해요. 아무런 득도 되지 않기 때문이죠. 그녀는 언제나 당신을 이용해서 살아왔으니까 그런 상황이 유리하다고는 생각하지 않을 테니까요. 게다가 당신이 헤어지고 싶어 한다는 걸 알면 그녀의 성격으로 볼 때 절대로 헤어지지 않을 거예요."

마리는 일목요연하게 폴에게 조언했다. 아내와 침실을 따로 쓸 것 등 잔을 임신시키지 않기 위한 조언도 그에게 써서 보냈다.

"당신이 그녀와 함께 있는 것을 알았을 때 나는 괴로운 밤을 보냈어요. 좀처럼 잠들지 못하다가 겨우 두세 시간 정도 잠들었어요. 깨어났을 때는 온몸에 열이 나서 도저히 일을 할 수 없을 정도였어요. 그녀와의 관계를 끝내기 위해 당신이 할 수 있는 일을 해주세요."

1911년 11월 4일, 파리에서 구독률이 높은 일간지 중 하나인 『르 주르나르』지 1면에 '마담 퀴리와 랑주뱅 교수의 러브스토리'라는 제목의 기사가 실렸다. 다음 날, 한 잡지에서 이 기사에 대해 거론하자 다른 매스컴들도 떠들기 시작했다.

11월 23일, 주간지에서 두 사람이 주고받은 편지를 공표했다. 충격적인 내용에 독자들은 흥분했다. 그리고 그녀의 이성적인 분석과 침착한 판단, 혼자 생각해서 결정하고 처리하는 말투에 일제히 반발했다. 편지 내용에 질투와 정열과 같은 감정들이 직접적이고 달콤하게 표현되었더라면 아마 독자들로부터 공감을 조금은 얻을 수 있었을지도 모른다.

1911년, 마리는 피로와 공포의 미로에 빠진 채 좀처럼 탈출구를 찾지 못해 헤매고 있었다. 이들은 함께 빌린 파리의 아파트에서 밀회를 계속했다. 해결책은 보이지 않았다. 그때 폴의 책상 서랍에 있던 마리의 편지를 폴의 아내가 사람을 시켜 훔쳐갔다는 사실을 알았다. 폴의 아내는 그 편지를 공표하겠다고 위협한 후에 이를 실제로 행동에 옮겼던 것이다.

신문은 마리가 폴에게 이혼하기 위한 조언을 적은 내용의 편지를 실었다. 순식간에 마리에게 엄청난 비난이 쏟아졌다. 사람들은 가정 파괴범, 부정한 여자, 폴란드의 요부라는 욕설을 퍼부었고, 마리의 집 유리창에 돌을 던지기도 했다.

그런 외중에 노벨상 사상 처음으로 두 번째 수상을 알리는 연락이 왔다. 이번에는 노벨화학상이었다. 그러나 스캔들이 불거지자 노벨상위원회에서 수상식의 출석을 보류하라는 내용의 편지를 보내왔다.

마리는 분노했다.

"이 상은 라듐과 폴로늄의 발견에 대해 주어진 상으로, 내 학술상의 공적과 사생활과는 아무런 관계가 없어요"

그녀는 답장을 보내고 수상식에 출석했다. 수상식에는 언니 브로니아와 열네 살이 된 이렌과 동행했다. 한편, 폴과 잔은 별거했다가 3년 후에 다시 화해했지만 그는 여전히 다른 여자와 바람을 피웠다. 그는 마리와 연구 동료로만 남았다.

마리에게는 연애도 물리(物理)였는지 모른다. 마치 연애라는 것도 물질의 운동, 구조, 열, 빛, 소리, 전자기의 작용을 보이는지도……. 스캔들은 오점이 아니다. 하지만 스캔들에 의해 마리의 약점이 노출되었다. 그녀는 감정 표현이 서툴렀을 뿐만 아니라 마음을 닫은 채 자신의 진심을 은폐하는 습관이 있었다.

마리와 폴의 사랑에 대한 소문을 들었을 때 이론물리학자 알베르트 아인슈타인은 이렇게 단언했다.

"그녀가 매력적이라고 해도 다른 사람에게 위험할 정도는 아닙니다."

매스컴 소동이 가라앉은 1913년 여름, 아인슈타인은 마리와 함께 스위스의 알프스산맥에서 하이킹을 즐겼다. 그는 그 당시 마리의 모습을 친한 지인에게 보낸 편지에 이렇게 썼다.

"마담 퀴리는 상당히 지적이지만 그 마음은 마치 송사리와 같아요. 요컨대 기쁨이나 슬픔을 나타내는 기술이 굉장히 서툴러요."

　마리가 감정을 표현하는 방법은 고작해야 푸념을 늘어놓는 정도였다고 그는 덧붙였다.

과학자 마리 퀴리

　1914년 7월, 파스퇴르연구소 부지 안에 건축중인 라듐연구소가 거의 완성되어가고 있었다. 7월 28일, 독일이 프랑스에 선전포고를 했다. 제1차 세계대전이 발발했다.

　9월 3일, 파리에서 출발한 열차가 10시간 후에 보르도 역에 도착했다. 사람들의 눈에 띄지 않도록 검은 코트를 입은 마리가 가방을 들고 역에 내렸다. 그 가방 안에는 유리 용기에 든 염화라듐이 납 시험관 속에 들어 있었다. 프랑스가 보유한 모든 라듐이 그 안에 들어 있었던 것이다. 그녀는 '가치를 따질 수 없는 국가의 보물'인 라듐을 진격해오는 독일군으로부터 지켜내야 했다. 프랑스 대통령 레이몽 푸앵카레는 이미 이틀 전에 정부기관을 보르도로 옮긴 상태였다.

　모두들 전쟁이 금방 끝날 거라고 생각했지만 예상은 빗나갔다. 파리에는 부상병들이 계속해서 후송되어 왔지만 제대로 된 치료를 받지 못했다. 마리는 X선 장치를 병원과 연구소에서 빌려왔다. 부상병들을 치료하기 위한 X선 이동차량을 착안해낸 것이다. 이 X선 이동차량이 있으면 야전병원에서도 치료할 수 있었다. X선으로 총알이나 산탄의 위치를 판정하고 외과의가 시술할 부위를 지시했다.

1918년 11월 11일, 4년 만에 전쟁이 끝났다. 종전하는 날까지 마리가 실시한 X선 검사는 100만 번이 넘었다. 전쟁이 끝나자 마리는 다시 연구소로 돌아왔다. 프랑스 정부는 이렌을 공식적으로 마리의 조수로 임명했다.

하지만 마리에게 연구비 걱정은 여전히 계속되었다. 마리는 충분한 연구자금을 확보하지 못해 평생 동안 힘들어했다. 그녀는 자신이 신설한 라듐연구소의 명성을 높여 이렌의 시대가 되어도 딸이 연구를 계속할 수 있도록 하기 위해 자금조달에 분주했다.

1925년, 연구소에 신입 조수가 들어왔다. 스물다섯 살의 프레데리크 졸리오였다. 그는 폴 랑주뱅의 강력한 추천을 받았다. 그는 잘생긴 얼굴에 사교적이었으며 스포츠를 잘했다. 정치에도 무척 관심이 많은 그는 이렌보다 세 살 연하였다.

이렌과 프레데리크는 서로 사랑하는 사이가 되었다. 마리는 두 사람의 관계를 반대했지만, 이들은 1926년 10월에 결혼식을 올렸다. 프레데리크는 자신의 성에 퀴리의 성을 덧붙여 졸리오퀴리라고 했다. 젊은 두 사람의 생활은 완전히 2대 퀴리 커플이었다. 그들은 계속해서 논문을 발표하는 등 공동연구에 몰두했다.

한편, 마리는 담석과 간, 신장 장해로 고통받았다. 잡음이 들리는 현상도 심해지더니 백내장 수술 후에는 시력을 거의 잃었다. 그래도 마리는 라듐이 자신을 병들게 한다는 가능성에 대해 전혀 인정하지 않았다. 일찍이 피에르가 살아 있을 당시, 두 사람은 라듐 염이 들어 있는 유리병을 머리맡에 두고 그 아름다운 빛을 감상하며 잠들기도 했다. 심지어 마리는 라듐을 '우리 아기'라고 불렀다.

마리가 알프스의 오트사부아 몽블랑에 있는 요양소에 입원하자 작은 딸 에브가 그녀의 곁에서 간호했다.

"말을 잘 할 수가 없어…… 머리가 움직이지 않아."

마리는 그렇게 말하고는 갑자기 찻잔을 바라보더니 스푼을 움직이려고 했다. 스푼을 실험실 도구라고 생각했던 것일까?

"이건 라듐으로 만들었니? 아니면 메소토륨이니?"하고 물었다.

의사가 주사를 놓기 위해 병실로 들어왔다.

"이젠 됐어요. 그냥 이대로 있게 해주세요."

마리는 그렇게 말하고는 의미를 알 수 없는 말을 중얼거리더니 혼수상태에 빠졌다. 다음 날 새벽에 그녀는 숨을 거두었다. 1934년 7월 4일, 향년 66세였다. 방사능으로 인한 악성빈혈이었다. 마리는 파리 교외에 있는 피에르의 무덤 옆에 묻혔다. 격식을 차린 조사나 의식도 없었고, 각계 인사들도 장례에 참석하지 않았다.

큰딸 이렌은 1936년에 어머니 마리 퀴리의 후임으로 파리대학 교수로 취임했으며, 레종 도뇌르 훈장을 받았다. 프레데리크는 1934년 아내 이렌과 함께 세계 최초로 방사성 동위원소 제조에 성공하였고, 1935년 '인공 방사선 원소의 연구'로 부부가 노벨화학상을 공동 수상했다. 이렌은 1956년 58세로 세상을 떠났다. 2년 후에 프레데리크 졸리오퀴리도 세상을 떠났다. 둘 다 백혈병이었다.

1995년 4월 20일 파리. 프랑수아 미테랑 대통령은 14년 임기의 마지막 연설을 '프랑스의 여성'에게 바치기로 했다. 그는 마리 퀴리와 피에르의 유골을 국립묘지 팡테옹에 안치하도록 했다.

마리는 프랑스의 정치가 미라보, 장 자크 루소, 에밀 졸라,
빅토르 위고, 볼테르 등 프랑스의 역사를 장식한 사람들과 함
께 팡테옹에 잠든 최초의 여성이 되었다.

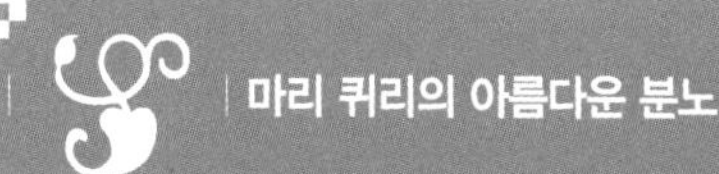

인내와 노력과 끈기로 승부하다

"인생은 누구에게나 쉽지 않아요. 하지만 중요한 건 인내력과 자신감을 갖는 거죠. 사람들에게는 저마다 타고난 재능이 있어요. 그리고 그 타고난 재능은 반드시 꽃을 피우기 마련이에요. 그렇게 믿어야만 해요. 아마 모든 일은 예상하지 않는 어느 순간에 아주 순조롭게 풀릴 거예요."

1894년 3월, 스물여섯 살의 마리는 오빠 요제프에게 보낸 편지에서 이렇게 말했다. 그 마음을 그녀는 평생 잊지 않았다.

마리의 조국 폴란드는 1815년 독일, 오스트리아, 러시아의 3국에 분할되어 지도에서 국가명이 사라졌다. 러시아의 억압정치 아래 학교에서는 폴란드어 사용이 금지되었고, 공용어는 러시아어였다. 자국의 역사와 문학을 가르치는 일도 허락되지 않았다.

1830년, 1863년의 반란으로 수많은 사람들이 목숨을 잃었으며, 시베리아 유배형에 처해졌다. 마리는 그런 환경 속에서 성장했다. 아버지는 아이들에게 폴란드인으로서의 분노와 자랑, 제국 러시아에 대한 증오와 적개심을 가르쳤다.

마리의 강한 인내력은 폴란드의 강한 인내력 그 자체이기도 했다. 그녀는 자신의 타고난 재능이 과학에 있다는 것을 알고는 진지하고 성실하게 오로지 자신의 연구에 몰두했다. 그녀는 항상 진지했다. 그리고 늘 진실했다. 마리는 66년 평생을 진지함에서 벗어나 본 적이 단 한 번도 없었다.

마리는 폴란드에서 입주 가정교사를 하면서 미래의 과학자를 꿈꿀 때, 그 집 아들과 처음으로 사랑을 했다. 상대가 우유부단했지만 마리는 그를 믿었다. 마지막에 확실하게 실망에 직면하기 전까지 그녀는 그와의 결혼을 포기하지 않았다.

마리에게는 타고난 과학적 재능과 함께 인내와 노력과 끈기까지 주어진 것이 아니었을까? 그렇다고 해서 마리가 모든 것을 인내하고 노력하고 단념하지 않은 것은 아니다. 본래의 진지함으로 그녀는 자신의 재능과 성격을 조절한 것이다.

파리로 나와 언니 부부의 집에서 하숙할 때도 함께 지내기가 불편해지자 그녀는 사양은 물론 타협도 하지 않았다. 그녀는 즉시 그곳을 나와 자신이 원하는 장소를 찾았다. 무리한 인내와 노력을 하는 대신 서둘러 자신의 환경을 바꾸었다.

마리는 직관과 데이터를 갖고 실험을 반복하여 차츰 라듐을 향해 다가갔다. 그녀는 노벨상을 수상하는 과학자가 되는 것이 목적이 아니었다. 자신의 타고난 재능을 꽃 피우기 위해 앞으로 나아간 것이다.

라듐을 발견했을 때 마리와 피에르는 기술 특허를 받는 것은 과학의 정신에 역행한다고 생각하여 연구 성과를 공개했다. 과학자에게는 과학을 포기할 수 없는 사명이 있기 때문에 연구는 계속할 수밖에 없었다. 그것이 마리와 피에르의 신념이었다.

맹목적으로 인내하고, 노력한다고 해서 성장할 수 있는 건 결코 아니다. 인내와 노력이 필요할 때, 인내와 노력과 끈기를 선택하는 지성, 그 비결을 마리는 잘 알고 있었다.

반항과
독기를 품은
아름다움의 추구

마리 로랑생 *Marie Laurencin* 1883~1956

1902년 파리의 시립데생학교에는 열아홉 살의 아가씨가 있었다. 그녀는 도자기에 그림을 그리는 강습을 받고 집에 돌아오면 어머니와 자신의 모습을 그렸다. 고양이를 모델로 한 여성의 초상화를 그리기도 했다.

그녀의 이름은 마리 멜라니 로랑생. 그녀는 어머니 멜라니 폴린 로랑생과 둘이서 살았다. 아버지 알프레드 스타니스라스 토레는 회계검사관을 하다가 대의원이 된 남자였다. 아버지는 때때로 로랑생의 모녀가 살고 있는 집을 방문했지만 함께 살지는 않았다. 그는 이미 아내와 딸이 있는 유부남이었다.

어머니 폴린은 노르망디 지방 출신이었다. 폴린은 가족과 고향을 버리고 스무 살도 되기 전에 파리로 나왔다. 그녀는 입주 하녀 또는 레스토랑의 종업원, 속옷을 만드는 바느질공을 거쳐 자수 일을 하며 생활하고 있었다.

1883년 10월 31일, 마리를 낳았을 때 폴린은 스물두 살이었다. 이들은 친척들과의 교류도 전혀 없었다. 마리는 말이 없는 어머니에게 아버지의 존재에 대해 일체 물어보지 않았다. 그렇다고 해서 그녀가 자신의 성장과정에 무관심했던 것은 아니다. 그저 무관심한 척 행동했을 뿐이었다. 그녀는 어

머니에게 상처를 주기가 싫었고, 자신 또한 상처를 받는 것이
두려웠다.

"몇 년 동안 어머니는 제게 경멸의 감정밖에 보이지 않았어
요. 제가 어머니를 사랑한 만큼 저를 사랑해주지 않는 어머니
에 대해 저는 얼마나 분노를 느꼈는지 모릅니다."

마리는 어머니가 세상을 떠난 지 시간이 한참 흐른 후에야
어머니에 대한 불만을 확실하게 말했다. 하지만 그렇게 말은 하
면서도 자신의 어머니를 칭찬하고 감싸는 것도 잊지 않았다.

"어머니는 매우 총명하고 교양이 있는 분이었어요."

그녀가 처음으로 사랑한 사람은 어머니 폴린이었다. 아마
폴린 역시 그랬을 것이다. 그러나 두 사람은 감정을 표현하는
방법이 달라서 서로의 진심이 제대로 전해지지 않았다. 어머
니는 딸의 보호자였고, 딸의 귀가시간에 대해 철저했으며, 교
제 상대도 확실하게 확인했다.

처음에 마리는 그런 엄격한 어머니가 마음에 들지 않았지
만, 마침내 그것이 엄마가 자신을 사랑하는 방법이라고 이해
했다. 또한 마리는 어머니 외에 사랑하는 사람이 생기면 어머
니의 사랑을 생각하며 자신만의 사랑을 추구했다. 그녀는 화
가로서의 상상력은 풍부했지만, 현실적으로 인간 관계를 넓히

기 위한 상상력은 부족했다.

1893년, 마리는 레세 라마루니누에 입학했다. 좋은 집안의 자녀가 많이 다니는 학교였다. 어머니는 마리가 교사가 되어 안정된 길을 가기를 원했다. 딸이 예술가로 불리며 자유분방한 보헤미안들과 어울리는 걸 반대했다. 모녀의 타협으로 마리는 도자기에 그림 그리는 일을 하게 되었다.

자신에게 어느 정도의 재능이 있는지 알지 못한 채 불안한 마음으로 그림을 그리던 마리에게 한 남자가 아낌없이 조언을 해주었다. 바로 프랑스의 입체파 화가 조르주 브라크였다. 본격적인 공부를 시작하라는 그의 권유를 받고 마리는 윙베르 아카데미에 전학했다.

화가로서의 정체성을 모색중이던 마리는 다양한 화가의 작품을 모사하는 수업을 들었다. 그녀가 그리는 자화상은 고전적인 형식에 따라 엄격한 표정에 어둡고 불만이 가득한 분위기가 감돌았다. 이는 그녀 특유의 파스텔 컬러와는 거리가 멀었는데, 당시 그녀는 색채를 쓰는 게 두려웠기 때문이었다.

1905년, 마리가 스물두 살이었을 때 아버지가 70세의 나이로 세상을 떠났다. 1906년, 브라크는 마리를 동료들이 있는 '바토 – 라부아르^{Bateau-Lavoir}'로 데리고 갔다. 바토 – 라부아르는 몽마르트의 라부아르 거리에 있는 낡은 건물로 1900년대 초 비싼 집세로 인해 더 이상 파리 시내에서 살 수 없게 된 화가, 조각가, 문인 등 가난한 예술가들이 몰려들어 사는 곳이었다. 겨울에는 춥고 여름에는 찜통 같은 그곳에서 파블로 피카소, 키스 반 동겐, 막스 자코브 등이 공동생활을 시작하자 새로운 예술 중심지로 알려지기 시작했다.

마리는 호기심에 가득 차 가슴을 두근거리며 주위를 둘러보았다. 아파트 열 채에 수도는 한 개뿐인 공동작업실 바토 - 라부아르. 그곳은 훗날 유명 화가들의 색과 구상이 넘쳐나게 되는 곳이었다.

그녀는 처음으로 자화상이 아닌 초상화를 그렸다. 새롭게 자화상도 완성했다. 노란색부터 빨간색까지 풍부한 색채와 격렬한 색조의 작품이었다. 그런 마리에 대해 로댕은 야수파의 신인이라고 말하기도 했다. 그러나 마리의 스타일은 거기에 머무르지 않았다. 마리는 손짐작으로 무조건 그림을 그렸다. 그녀는 반(反)아카데미 야수파의 신비한 화풍의 영향을 받으면서 자신의 색채와 만나게 된다.

1970년 마리는 스물네 살이 되었다. 조르주 브라크, 앙리 마티스 등이 마리의 독창성을 높이 평가하고 응원했다. 아군을 얻은 마리는 앙데팡당전(展)에 출품했다. 그녀에게는 무척 긴장된 순간이었다. 그녀는 휴식을 얻기 위해 어머니와 함께 시골로 갔다. 하지만 마리는 이렇게 말했다.

"전 시골을 싫어해요. 공기는 너무 맑고 계란도 지나치게 신선해요. 우유에서는 소 냄새가 나요."

그녀의 어투는 항상 변덕스럽고 억지스러웠다. 그녀는 일부러 역설적으로 표현하여 상대를 웃기거나 놀라게 하는 것을 좋아했다.

어느 날 마리는 코로비스사고 화랑에 갔다. 코로비스사고는 화가라면 언젠가는 가게 되는 곳으로, 매우 구두쇠 같으면서도 확실한 심미안으로 감정을 하는 곳이었다. 그 화랑에서 마리의 운명적인 만남이 기다리고 있었다.

피카소가 기욤 아폴리네르에게 마리를 소개했다. 그는 프랑스의 시인이자 미술평론가이며 저널리스트로도 활발하게 활동하고 있었다. 시인은 그 순간 바로 사랑에 빠졌다.

"나의 운명은 오~ 마리, 당신의 발밑에 사는 것이오."

그는 마리에 대한 뜨거운 열정을 글로 적어 보냈다. 그는 그녀를 극찬했으며, 연인관계로 발전하자 또다시 시를 써서 그녀에게 바쳤다. 스물일곱 살의 아폴리네르는 마리와 마찬가지로 어머니와 함께 지내고 있었다. 두 사람은 뛰어난 감수성뿐만 아니라 아버지가 없는 가정에서 자랐다는 공통점까지 있었다.

그들은 서로의 재능을 자극하면서 시인은 시를, 화가는 그림 그리기에 몰두했다. 그렇게 해서 두 사람은 연애가 가져다주는 최대의 효과를 만끽했다.

자신을 나타내는 욕구가 강한 아폴리네르는 쉽게 흥분하고 항상 현실을 과장되게 받아들였다. 때로는 비참한 밑바닥까지 자신을 밀어 넣었다. 감정의 기복이 심한 그는 마치 습관처럼 흔들리며 삶의 고통을 뼛속까지 느끼곤 했다.

한편 마리는 남자와 아무리 친해져도 좀처럼 마음을 열지 못하고 여전히 경계했다. 그녀가 어색한 태도를 보여도 아폴리네르는 개의치 않고 정신없이 떠들어댔다. 그는 마리의 재능을 신문이나 잡지에 요란스럽게 써대며 그녀의 이름을 세상에 알리기 위해 정열적으로 노력했다. 그는 마리의 재능을 이렇게 분석했다.

‘그녀의 재능은 눈에 보이는 세계와 꿈을 꾸는 세계의 환상적인 융합이다.’

그러나 마침내 두 사람은 차츰 매너리즘에 빠지면서 사랑이 식어갔다. 마치 꿈에서 깨어난 기분이었다. 그렇게 매력적이던 상대의 웃는 얼굴과 말투가 왠지 모르게 귀찮아진 것이다.

늘 사랑을 갈구하는 여자들은 이런 연애 과정을 몇 번 거치게 된다고 생각했다. 마리는 사랑에 빠진 자신의 모습이 좋았다.

‘연애란 무엇일까?’

‘사랑이란 무엇일까?’

마리는 결코 이런 의문을 갖지 않았다.

“두근거림이 최고야. 그 느낌을 잃어버리면 더 이상 연애가 아니야.”

마리는 두근거림이 있어야만 연애라고 굳게 믿었다. 아폴리네르와의 사랑도, 오토와의 사랑도 마리가 사랑하는 방법은 ‘늘 사랑을 갈구하는 여자’라는 유형의 범주에서 벗어나지 못했다.

그녀는 자신이 사랑한 만큼 상대로부터 사랑받고 싶어 했다. 그리고 그 욕망이 충족되지 않으면 상대의 주의를 끌기 위해 삐치기도 하고 물고 늘어지기도 했다. 또한 짓궂게 괴롭히거나 배신하기도 했다.

마리는 불행한 기분이 들면 일에 집중하는 습관이 있었다. 작업실에서의 시간은 현실도피였을 뿐만 아니라, 오로지 마리 자신만의 것이었다. 작업실은 누구에게도 방해받지 않고, 누구를 방해하지 않아도 되는 공간이었다. 그 공간을 혼자서 독차지함으로써 마리는 자유를 맛볼 수 있었다.

소녀 시절 어머니에게 지배받던 대로 어른이 되고서는 어머니 대신 자신을 지켜줄 사람을 연애 상대로 찾고 있었는지도 모른다. 사람들은 연애를 하면 독점욕과 질투가 따른다고 생각했다. 마리 역시 연애를 통해 인간 관계가 성숙해진다는 생각은 전혀 없었다. 그녀의 연애는 독점욕과 질투심으로 인해 파국으로 치달았다.

요컨대 그녀에게 연애는 경쟁이자 게임이었다. 결코 의사소통은 아니었다. 그녀는 마음을 열고 진심으로 대화를 나누는 것이 두려웠다. 오랫동안 친구 관계를 유지했던 니콜 그루에게조차 푸념이나 세상 사는 이야기 정도만 했을 뿐이었다.

그녀는 일찍이 아폴리네르만큼 자신에게 관심을 가져준 남자를 만난 적이 없었다. 마리의 마음은 기쁨으로 가득했다.

그들의 만남은 서로의 창작활동에 불을 당겼다. 마리의 최고 걸작 중 몇 작품이 그 사랑의 절정기에 탄생했다.

1908년, 조형예술에 대해 조예가 깊은 시인 거트루드 스타인과 그녀의 오빠 레오가 대작 「아폴리네르와 그 친구들」이라는 그림을 구입했다. 거투루드는 그림 수집가로 20세기 초반 파리에 살 때 많은 작가와 화가들이 그녀의 살롱에 모이곤 했다. 그녀는 화가들의 그림을 사고 식사를 대접하며 후원을 하기도 했다. 마리는 친구들에게 이렇게 말했다.

"그녀는 그 그림을 좋아서가 아니라 나중에 바보라는 말을 듣고 싶지 않아서 산 거예요."

이 시기부터 마리는 전위예술에 흥미가 있거나 그들을 흉내 내는 사람들에게 주목을 받았다.

마리의 사랑과 이별

아폴리네르는 어디에 가든지 마리를 데리고 다녔다. 그는 그녀와의 결혼을 생각했다. 그러나 그의 어머니가 반대했다. 아폴리네르는 어머니의 말을 거역하지 못하는 아들이었다. 땅딸막한 체형에 침묵을 무척 싫어했지만 적극적인

마리는 남자 중심의 사회에서 감정 표현이 미숙했던 당시 여자들의 의지와, 분노,
불안한 감정을 화폭에 역설적으로 아름답게 표현했다.

성격의 아폴리네르는 늘 분위기를 띄워 마리를 웃게 했다. 하지만 가끔은 도가 지나쳐서 마리를 화나게 하기도 했다.

아폴리네르와 마리는 서로 자극하고 부딪치기도 하고, 서로 칭찬하다가도 상처를 주기도 했다. 그들은 이별하고 화해하기를 수없이 반복했다. 아폴리네르는 마리에 대해서 질투심이 강했지만, 자신은 계속해서 새로운 여자를 만나며 마리를 슬프게 했다.

1911년부터 1912년에 걸쳐 마리는 네 살 연하의 니콜 그루를 만났다. 니콜은 처음 미니스커트를 세상에 내놓은 프랑스의 패션디자이너 폴 포와레의 여동생으로 이후 마리의 가장 절친한 친구가 되었다. 레즈비언이라는 소문이 날 만큼 두 사람은 친밀한 관계를 이어나갔다.

마침내 마리와 아폴리네르의 관계가 경쟁으로 변했다. 둘은 마치 게임을 하는 것과 같았다. 그의 배신은 마리를 너무 지치고 힘들게 했다. 결국 그들에게는 파국만이 남아 있을 뿐이었다.

1913년 5월, 어머니 폴린이 갑자기 세상을 떠났다. 마리의 충격은 이루 헤아릴 수 없었다. 모처럼 궤도에 올랐던 일을 모두 내팽개치고 그녀는 고독과 절망의 늪으로 빠져들었다. 그림을 그릴 기력조차 잃어버리고 말았다.

그해 가을, 마리는 오토 폰 바트겐을 만났다. 그는 남작 가문으로 마리보다 두 살 연상이었다. 그의 아버지는 독일인이었고, 어머니는 스위스와 프랑스계 화가의 딸이었다. 오토도 그림을 그렸는데 판화로 다소 알려져 있었다. 마리는 그의 밝은 성격과 독특한 발상을 매우 개성 있게 느꼈다.

아폴리네르와의 미래가 사라졌다고 느낀 마리는 오토의 프로포즈를 받아들였다. 결혼식은 1914년 6월 22일 파리의 구청에서 조용히 치루어졌다. 6일 후 오스트레일리아의 황태자가 암살되고, 8월 3일에는 독일이 프랑스에 선전포고를 했다. 제1차 세계대전이 일어난 것이다.

독일 국민이 된 마리는 프랑스의 적이 되었다. 그녀와 오토는 일단 프랑스를 벗어나 중립국인 스페인으로 탈출했다. 그로부터 5년 동안 두 사람은 망명생활을 했다. 그런데 그 지역의 경찰당국은 마리가 독일정부에서 고용한 프랑스 스파이거나 아니면 프랑스를 위해 활동하는 독일 국적의 스파이라고 의심했다. 스페인에서의 생활은 결코 편안하지 못했다.

두 사람 사이에는 어느새 불협화음이 생겼다. 마리는 오토를 '주정뱅이!'라고 비난하기도 했다. 둘은 때로는 엄청나게 싸우다가도 때로는 오누이처럼 다정하게 지냈다. 오토는 스페인 여자에게 마음을 빼앗겼다가 남자에게도 관심을 가졌다. 마리도 화가 나서 파리의 니콜에게 계속 편지를 보내 우울함을 털어놓았다.

망명생활에서 얻은 것은 스페인 그림과의 만남이었다. 마리는 마드리드에서 고야와 벨라스케스의 그림을 보게 되는데 1920년대 마리의 작품에 서서히 그 영향이 나타났다. 1915년에 마리는 스페인의 수도를 떠나 남부 도시 말라가로 갔다. 마리는 스페인 생활에 좀처럼 적응하지 못했다. 그녀는 파리의 분위기와 공기에 굶주려 있었다.

1918년 5월, 기욤 아폴리네르가 결혼을 했다. 그 소식은 마리에게 큰 충격을 주었다. 그녀의 질투심이 다시 불타올랐다. 아폴리네르만큼이나 그녀 역시 질투심이 강했다. 가을이 되자 또다시 안 좋은 소식이 들려왔다. 11월 9일, 아폴리네르가 사망한 것이다. 사망 원인은 중세의 페스트 이후 가장 강력한 유행병으로, 1918년에 발생하여 많은 사람들의 목숨을 앗아간 스페인감기였다.

11월 11일, 제1차 세계대전이 프랑스의 승리, 독일의 패배로 끝났다.

1919년, 서른여섯 살이 된 마리는 오토와 함께 독일로 향했다. 도중에 취리히에서 시동생인 조각가 헤르만 하라의 집에 들렀다가 그녀는 시인 라이너 마리아 릴케를 알게 되었다.

1921년, 마리는 혼자서 파리로 돌아왔다. 그리고 이혼을 했다. 로잔베르 화랑에서 전후 첫 개인전이 대대적으로 열렸다. 평판은 좋았다. 첫 화집 『마리 로랑생』이 간행되었다. 망명중의 침울한 화풍에서 우아함과 관능적인 분위기가 감도는 파스텔 컬러의, 이른바 로랑생 컬러가 강해졌다. 이 무렵까지 그녀는 석판화, 부식동판화, 그 외의 장식적인 작품을 제외하고도 700여 점을 완성했다.

그녀는 더 이상 결혼을 꿈꾸지 않았다. 그녀는 사랑만을 원했다. 어렸을 때부터 마리는 남자와의 사랑에서 편안함이나 어떤 소통을 기대한 적은 없었다. 사랑이 가져다주는 스릴과 쾌락, 긴급사태가 초래하는 비일상적인 생활, 낭만주의, 이런 모든 것들이 화가 마리에게 뜨거운 동기를 부여할 뿐이었다. 사랑의 결과가 어찌되든 상관없었다. 그녀에게는 오직 사랑의 과정이 중요했다.

1920년대 파리에서 마리는 스타였다. 그녀에게 초상화를 주문하는 것이 사교계의 유행이 되었다. 코코 샤넬도 의뢰했

는데, 샤넬은 완성된 그림이 자신과 닮지 않았다는 이유로 반
품해버렸다. 마리는 화가 났다. 샤넬이 다시 그려주기를 원했
지만 거절했다.

"샤넬은 좋은 사람이기는 하지만, 어쩔 수 없는 오베르뉴의
시골 출신이에요."

그렇게 조소를 보내면서도 그녀는 샤넬의 가게에서 옷을
맞추어 입었다.

아폴리네르와 함께 잠들다

화사한 파스텔 컬러로 희미한 표정의 여성들을
그린 초상화를 보고 있으면 독기나 분노는 전혀 느낄 수 없다.
마리 로랑생은 그리 단순한 화가가 아니었다. 그녀는 흰색과
파란색, 장미색 등의 컬러 조화로 독기와 분노를 은연히 드러
나게 했다. 마리는 자신의 작품에 대해 상상할 수 없을 만큼
자긍심이 강했다.

"저는 아폴리네르가 제 그림에 대해 말하는 걸 원하지 않았
어요."

"그림, 그것이 제 비밀이에요."

"제 일은 제가 가장 잘 숨겨요."

마리는 자신이 무엇을 그리고 싶은지 잘 알고 있었다. 그리고 그것만 그렸다.

1923년, 마흔 살이 된 마리에게 러시아 발레단 책임자인 예술기획자 세르게이 디아길레프가 「암사슴」의 무대장치와 의상을 의뢰했다. 작곡은 프란시스 프랑크, 대본은 장 콕토가 맡았다. 이제 마리는 유명 화가였다. 그녀는 사교계에도 진출했다.

1925년, 마흔두 살이 된 마리는 가정부 스잔느 모로와 함께 지내기 시작했다. 그녀에게 아폴리네르를 대신할 남자는 나타나지 않았다. 그것을 알면서도 몇 명의 남자와 함께 잠깐씩 정열을 불태웠다. 일은 순조로웠다. 1932년에는 파리의 아카데미에서 3년간 데생 강좌를 맡았다.

1937년, 프랑스 정부에서 그녀에게 레종 도뇌르 훈장을 수여했다. 1939년, 제2차 세계대전이 시작되었다. 1945년, 프랑스를 포함한 연합국의 승리로 전쟁은 끝이 났다.

1940년대가 되자 마리는 조용히 지내기를 원했다. 수도원을 방문하는 횟수가 차츰 늘어났다.

1954년, 일흔한 살이 된 마리는 스잔느를 양녀로 삼고, 스잔느 모로 로랑생이라고 불렀다. 그 무렵부터 마리의 노트에는 어머니의 꿈을 꾸었다는 글이 자주 쓰여 있다.

1956년 6월 8일 밤, 일흔세 살의 마리는 갑자기 숨을 거두었다. 심부전증이었다. 본인의 유언에 따라 순백의 드레스가 입혀졌고, 손에는 빨간 장미 한 송이가, 그리고 가슴 위에는 아폴리네르가 보낸 편지묶음이 놓여졌다. 그녀는 아폴리네르가 잠든 페르 라세즈 묘지에 묻혔다.

마리는 만년에 작업실뿐만 아니라 사생활에서도 주변 사람들의 접근을 막고 쓸쓸히 지냈다.

세상을 떠나기 2년 전, 그녀는 자신에게 이런 메모를 남겼다.

"불쌍한 마리! 이렇게 말해줄 수 있는 사람은 오로지 내 자신뿐이야……."

그녀의 물건들은 친척과 지인들에게 나누어졌으며, 스잔느에게 일부 상속하고 남은 재산의 대부분은 오퇴유 직업훈련 고아원과 수녀자선사업단에 기증되었다. 소장 도서 약 5,000권도 수녀자선사업단을 위해 경매에 내놓았다.

1976년, 스잔느가 사망했다. 1979년에는 스잔느로부터 로랑생의 유산을 상속 받은 스잔느의 여동생 조루지나가 사망했다. 그 후 로랑생에게 물려받은 작품 등이 스잔느 모로 로랑생의 유산으로 4회에 걸쳐 경매에 나왔다.

도쿄의 실업가 다카노 마사히로(高野雅弘)가 1974년 파리 여행중 로랑생의 그림에 매료되어 많은 양의 작품을 구입했다. 1983년, 마리의 탄생 100주년을 기념하여 나가노 현의 다테시나(蓼科)에 마리 로랑생 미술관이 문을 열었다.

자신이 느끼는 대로 표현하다

조금 속되게 잘난 척하고, 게다가 조금 우울하면서 명랑하고, 조금은 익살스러운 성격의 마리. 그녀는 자신의 그런 성격을 화폭에 담았다.

"제 머릿속이 움직인 적은 한 번도 없어요. 머릿속으로는 아무것도 몰라요. 저를 이끄는 건 그저 본능이에요."

1920년에 마리는 그렇게 썼다.

정말 그럴까? 그 말의 이면에는 약간의 거짓말과 겉치레가 느껴진다. 아마 그녀의 머릿속에는 좀 특수한 사고방식이 작용하고 있었을 것이다. 다만 남들이 그렇게 생각하는 게 싫었을 뿐이다. 무엇을 생각하고 있는지 모르는 신비한 화가. 귀여운 마녀 같은 마리 로랑생. 그런 이미지를 지키고 싶었을 것이다.

그녀는 어렸을 때부터 아버지가 없는 가정의 부자연스러움을 느꼈다. 따라서 어린 나이에 그런 환경에 대해 분노를 느끼고 반발했던 것도 사실일 것이다. 그 사실을 뒷받침하는 에피소드를 마리 자신이 이야기한 적이 있다. 어린 시절, 가끔 찾아오는 아버지는 딸의 숙제를 보고 이렇게 가르쳤다.

"양은 초식동물이란다."

그러나 마리는 일부러 '양은 육식동물'이라고 써서 제출했다.

"같은 말을 반복해서 써보았자 의미가 없잖아요."

그렇게 주장했지만 이 부분에서 소녀의 비뚤어진 분노를 느낄 수 있다. 마리의 숙제 점수는 나빴지만 마리의 주장에 모녀가 함께 웃었다는 후일담이 있다. 그 둘의 단단한 결속력, 모녀의 마음은 잠시 공범 관계가 되었을 것이다.

조금 심술궂고, 약간은 경멸하면서 아무렇지도 않은 얼굴로 약간의 배신을 하는 것도 마리의 성격이었다. 그녀는 그런 자신을 싫어하지 않았다. 자제하거나 반성할 생각도 없었다. 마리는 자신의 모든 감정과 감각을 받아들이고 자신의 복잡한 운명조차 긍정했다. 화가가 되자 믿는 것은 오직 자신뿐이었다.

"나는 동시대의 사람들, 즉 마티스, 드랭, 피카소, 브라크 등 대화가들에게서 배운 것이 전부다. 특히 마티스의 충고는 내게 정말 많은 도움을 주었다."

그녀는 '바토 – 라부아르'를 둘러싼 사람들 사이에서 세례를 받고, 화가로서의 첫걸음을 내딛게 된 것을 고마워했다.

마리는 복잡한 감정을 음화(陰畵)로 하여 파스텔 컬러의 작품을 완성했다. 분노와 슬픔, 불안한 감정을 공격적이고 비관적으로 표현하는 것이 아니라 파란색과 장미색으로 가공하여 아름답게 표현했다.

엷은 색조로 그려진 여자들의 얼굴들. 그 작품에 내재된 여자의 의지, 천천히 흐르는 선, 이론이나 원근법을 무시하고 거리를 배제한 구도 등에도 여자의 감정이 스며 있다.

당시의 여자들은 쾌재를 불렀다. 왜냐하면 마리의 그림에는 남자 화가의 시점에 따른 이상적인 여자가 아니라 여자들이 제각기 체감하는 여성성이 존재했기 때문이었다. 파스텔 컬러 속에 감추어진 약간의 불쾌함과 유혹 그리고 배신과 악덕 등을 여자들은 알아챈 것이다.

그 당시 남자 중심의 사회에서 마리의 색조는 감정 표현이 미숙한 여자들의 관능을 자극했다. 마리 자신은 의식하지 않았는지 모르지만 그녀의 흥미는 여성성을 촉매로 하여 자신의 반역을 드러내고, 자신을 해방시키는 그림을 그렸던 것은 아닐까?

그녀는 자신이 체험한 아픔을 모두 자신 안에서 재생시켜 파스텔 컬러로 바꾸어버렸다. 마리는 어떤 사람을 대하거나 어떤 상황에 놓여 있을 때도 자신이 느낀 그대로를 가장 소중하게 여기며 살았고, 그 느낌을 그림으로 표현했다.

"나를 열광시키는 것은 오직 그림뿐이다. 오직 그림만이 영원토록

나를 괴롭히는 진정한 가치다."

73세로 세상을 떠나기까지 마리는 자신의 말처럼 살다 갔다.

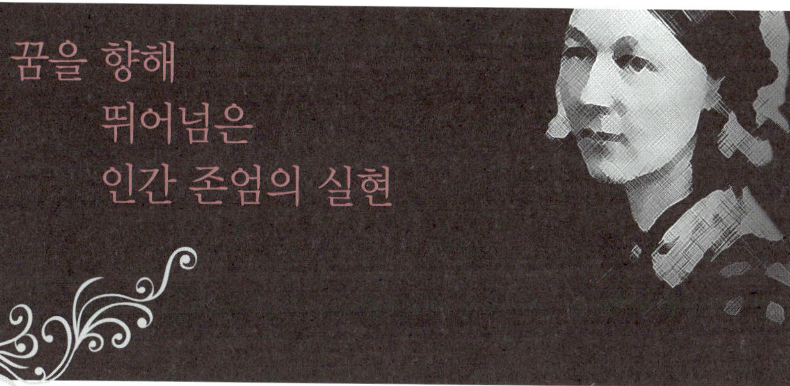

꿈을 향해 뛰어넘은 인간 존엄의 실현

플로렌스 나이팅게일 *Florence Nightingale* 1820~1910

부유한 환경에서 자란 어린 시절

플로렌스 나이팅게일은 1820년 5월 12일, 이탈리아 피렌체에서 태어났다. 영국 상류층의 엘리트 자산가였던 그녀의 부모는 신혼여행으로 약 3년에 걸친 유럽을 여행했다.

유럽 여행 도중에 나폴리에서 큰딸 파시노프가 태어났고, 피렌체에서 둘째 딸 플로렌스가 태어났다. 파시노프는 나폴리의 그리스식 지명이고, 플로렌스는 피렌체의 영어 지명이다. 어머니 파니는 두 딸이 사교계에 데뷔할 날만을 손꼽아 기다렸다. 어머니는 딸들의 숙녀교육에 온 정성을 다했다.

하지만 플로렌스는 소녀 시절부터 어머니의 의도와는 달리 미묘하게 흔들렸다. 그녀는 성대한 파티나 가장무도회에 좀처럼 익숙해지지 않았다. 플로렌스는 화려한 드레스를 입고 남의 이야기에 시간 가는 줄 모르는 어른들을 지켜보면서 자신은 절대로 그녀들처럼 살고 싶지 않다고 생각했다. 자신은 결코 그저 무의미한 이야기나 하면서 아까운 시간을 낭비하고 싶지 않았다.

그녀는 제대로 된 직업을 갖고 좀 더 유익한 보람된 인생을 살고 싶었다. 소녀 플로렌스는 부유하고 안락한 자신의 생활에 견디기 힘든 혐오감을 느꼈다.

플로렌스는 오페라를 무척이나 좋아했다. 특히 모차르트에 반해 있었다. 낯을 가리고 감수성이 풍부한 정열적인 몽상가인 플로렌스에게는 사교계보다 오페라가 훨씬 자극적이었다. 오페라는 그녀의 호기심과 상상력을 해방시켜주었다. 그녀는 오페라의 악보, 가사, 연기에 관한 감상이나 정보를 노트에 적고 오페라 일람표를 작성하며 즐겼는데, 이런 모습은 어머니와 언니의 감상법과는 전혀 달랐다.

열여덟 살이 된 플로렌스는 자신의 복잡한 감정을 구체적인 말이나 숫자로 표현하는 능력을 갖고 있었다. 그녀는 자신의 방에서 글을 쓸 때만큼은 자유로울 수 있었다.

1840년대의 영국은 산업혁명으로 활기가 넘쳤지만 동시에 기아에 허덕이던 시대이기도 했다. 어느 여름날, 플로렌스는 어머니를 대신해 스프와 은화를 가지고 가난한 농가에 자선방문을 했다. 그 당시 자선 역시 숙녀가 갖추어야 할 소양 중 하나였다. 남부럽지 않은 환경에서 자란 플로렌스는 생전 처음 많은 사람들이 굶어죽어가는 현실을 보았다. 이는 문화적 차이에 따른 충격과 함께 놀라운 체험이었다.

'과연 내가 할 수 있는 일은 무엇일까?'

플로렌스는 도저히 가만히 있을 수 없었다. 하지만 아무리 생각해도 해답을 찾을 수 없었다. 그녀는 고민을 거듭할수록 그런 자신이 한심한 나머지 화가 났다.

나이팅게일가는 더비셔 주 리허스트의 별장에서 더운 여름을 나고, 봄과 가을은 런던에서 지냈다. 그 외의 시간은 잉글랜드 햄프셔 주의 교외에 있는 엠블리의 별장에서 보냈는데, 세계 각지의 다양한 분야에서 활약하는 사람들이 아버지 윌리엄을 만나기 위해 별장으로 찾아왔다.

플로렌스, 간호사를 꿈꾸다

1884년, 스물네 살이 된 플로렌스에게 소망이 한 가지 생겼다. 플로렌스는 자신의 천직은 병원에 수용된 환자들을 돌보는 일이라고 생각했다. 그리고 그 소망은 좀처럼 머릿속에서 떠나지 않았다. 한 번 마음먹은 생각은 완전히 그녀를 사로잡고 말았다.

6월이 되자 미국의 사회사업가 하우 박사가 엠블리의 별장에 머물렀다. 플로렌스는 하우 박사에게 자신의 생각을 털어놓았다. 자신의 생각이 정말로 옳은지 알고 싶었다. 하우 박사는 플로렌스를 격려하며 말했다.

"설령 세상 사람들이 당신을 좀 힘들게 하더라도 자신이 그 일을 천직이라고 느낀다면 마음이 가는 대로 행동하세요. 어떤 길로 인도되더라도 한결같은 마음으로 자신이 선택한 길을 향해 나아가면 됩니다. 그렇게 하면 신은 늘 당신과 함께 있을 거예요."

하우 박사는 그녀의 뜻을 이해해주었다.

19세기에는 간호사에 대한 이미지가 호의적이지 않았다. 당시에는 간호사가 풍기문란하다는 안 좋은 소문이 항상 따라다녔다. 공공연히 병동에 술을 갖고 들어가거나 남자 병실에 들어가 함께 잠을 자는 간호사들을 경시하는 풍자화가 나돌 만큼 평판이 나빴다.

이처럼 간호사에 대한 편견이 심했던 시대에 플로렌스 같은 상류층 여자가 간호사가 된다는 건 결코 있을 수 없는 일이었다. 나이팅게일 가문으로서는 씻을 수 없는 엄청난 불명예를 자초하는 것이나 다름없었다.

플로렌스는 처음부터 가족의 반대를 예상하고 있었다. 그래서 비밀리에 간호사가 되기 위한 정보를 수집하기 시작했다. 그녀는 우선 친구에게 각지의 병원 실정과 운영에 대해 조사해달라는 편지를 보냈다. 독일이나 프랑스의 병원에도 정보를 의뢰하는 편지를 쓴 후 답장을 기다렸다.

1864년, 친구가 독일 카이저스웰트에 있는 어느 병원의 시설에 대해 상세하게 알려왔다. 이때부터 플로렌스와 가족 간의 전쟁이 시작되었다. 스물일곱 살의 플로렌스는 혼자였다. 유일한 아군은 아버지의 동생인 메이 고모뿐이었다. 어머니는 물론 믿었던 아버지마저 완고하게 반대했다.

"간호사가 되겠다고……? 왜 그런 어리석은 짓을 하려고 하니? 너는 왜 그렇게 남들과 다른 인생을 살려고 애를 쓰는 거야?"

플로렌스는 가족들이 자신을 이해해주고 따뜻하게 격려해주기를 바랐다. 그녀는 자신의 힘으로 가족들을 설득해보려고 노력했다. 하지만 그 벽은 너무나 두터워 꿈쩍도 하지 않았다. 그녀는 맥없이 무너져 내렸다. 부모의 말에 따라야 한다고 생각하면서도 복종을 강요당하는 건 자신이 아직 성숙하지 못한 탓이라는 생각이 들었다. 그녀는 자신의 부족함을 탓했다. 너무나 슬프고 비참했다.

1847년 가을, 원래 허약한 체질이었던 플로렌스는 신경쇠약에 걸려 이러지도 저러지도 못하는 상황에 처하고 말았다. 플로렌스의 기분전환을 위해 지인이 그녀를 로마 여행에 초대했다. 가족과 헤어지자마자 그녀의 몸 상태는 많이 호전되었다. 로마에서 플로렌스는 시드니 하버트 부부를 만났다. 이 만남으로 서로의 존재가 앞으로 자신들의 인생에 어떤 영향을 가져올지 그때만 해도 전혀 알지 못했다.

로마에서 6개월을 지내는 동안 플로렌스의 건강은 많이 회복되었다. 그러자 간호사가 되고 싶다는 소망은 전보다 훨씬 강해졌고, 행동으로 옮기지 못하는 자신에 대한 분노 또한 더욱 강해졌다.

1849년, 런던 사교계에서 인기 높은 리처드 몽크톤 미룬즈가 플로렌스에게 결혼을 신청했다. 그녀는 결혼이냐, 일이냐를 두고 고민스러웠다. 하지만 거절했다. 만일 누군가의 아내가 되면 사회에서 일을 한다는 것은 불가능했다. 그녀는 평생 독신으로 살기로 마음먹었다.

어머니는 격노했다. 언니 파시노프도 동생의 사고방식에 몹시 흥분하며 반대했다. 나이팅게일가에는 예전의 평화롭고 단란하던 분위기가 완전히 사라졌다. 플로렌스는 가족의 행복을 파괴하고 혼란을 일으키는 자신을 또다시 책망했다. 그러나 간호사의 길을 걷기로 한 결심을 포기할 수 없었다. 딜레마에 빠진 그녀는 자주 죽음을 생각했다.

1851년, 서른한 살이 된 플로렌스는 마침내 결심했다. 가족이 자신을 이해하지 못하더라도 자신이 원하는 길을 걷기로 한 것이다. 그녀는 가족들이 이해주기만을 마냥 기다리던 나약한 자신과의 이별을 고했다. 우선 카이저스웰트 학원에서의 3개월 동안은 병원과 고아원에서 일했다. 그녀는 이곳에서 살아가는 기쁨을 느꼈으며, 자신의 인생을 사랑해야 한다는 것을 배웠다. 그리고 죽음으로 도피하고자 했던 자신의 어리석음을 후회했다.

1853년이 되자 6년 전에 로마에서 만난 시드니 하버트의 아내 엘리자베스로부터 편지가 왔다. 런던의 귀부인위원회가 운영하는 부인 가정교사를 위한 요양소가 운영난에 빠져 있으며, 재건을 위해 감독직에 어울리는 인재를 찾고 있다는 내용이었다.

실전에 뛰어든 플로렌스

플로렌스의 눈이 빛났다. 그녀의 고집을 꺾지 못한 아버지는 어쩔 수 없이 딸의 생활비를 보내주는 데 동의했다. 어렵게 허락을 얻고 찾아간 요양소의 내부는 권력다툼으

보다 가치 있는 삶을 추구했던 플로렌스.
어떤 대립도 대화로 바꿀 수 있다는 신념을 갖고 관료주의와 수차례 힘겨운 투쟁을 했다.

로 관리운영이 엉망이었다. 경영과 관리 또한 엉터리여서 요양소의 실태를 파악한 플로렌스는 기가 막혔다. 실무에 직접 뛰어든 그녀는 그동안 쌓아온 정보와 아이디어를 총동원하여 문제를 차근차근 해결하기 시작했다. 그녀는 식기관리와 음식 저장법, 잼 만들기 등의 문제점을 확인하고 싼값에 질 좋고 위생적인 식사를 공급할 수 있도록 식단을 개선했다.

플로렌스의 외교실력 또한 빛을 발했다. 그녀의 맑은 목소리와 상냥한 어조, 우아한 말투와 논리정연한 대화법은 6개월도 채 지나지 않아 그녀에게 반대하던 세력들까지 모두 꼬리를 내리게 만들었다. 병원을 경영하고 지휘하는 플로렌스의 능력은 주위 사람들뿐만 아니라 본인의 예상마저도 뛰어넘는 눈부신 발전을 보였다.

1853년, 터키 영내의 예루살렘 관리권을 둘러싸고 러시아와 터키가 전쟁을 시작했다. 다음해에는 터키에 가담한 영국과 프랑스가 출병했다. 이윽고 영국과 프랑스 연합군이 크림반도에 상륙했다. 크림전쟁의 발발이었다.

1854년에는 런던에 콜레라가 대유행했다. 플로렌스는 잠자는 시간을 줄여가며 밤낮을 가리지 않고 쉴 새 없이 환자들을 돌보고 격려했다. 당시 영국 국민들은 자국의 군대가 무적의 군대라고 철석같이 믿고 있었다. 『타임스』지에서는 사상 처음으로 전시 특파원을 파견하여 크림전쟁의 상황을 속보로 전했다.

그런데 특파원이 의외의 소식을 전했다. 부상당한 병사들이 아무런 치료도 받지 못한 채 일주일이나 방치되고 있다는 내용이었다. 『타임스』지를 읽은 영국 국민들은 분노했다.

그 당시 시드니 하버트가 국방장관을 지내고 있었다. 그는 영국의 육군병원에 간호사를 배치하기 위한 공식 책임자로서 플로렌스 이상의 적임자는 없다고 생각했다. 그는 즉시 플로렌스에게 편지를 보냈다. 당장 크림반도로 와달라는 요청과 함께 전시병원의 감독직을 맡아달라는 내용이었다. 편지에는 필요한 모든 물자를 정부에 요청할 수 있으며, 모든 권한을 그녀에게 부여한다고 쓰여 있었다.

플로렌스는 두말없이 수락했다. 그녀 역시 전시상황의 심각성을 알고 자비로라도 사설 파견단을 편성하기 위해 시드니 하버트의 조언을 구하려던 참이었다.

오스만투르크제국의 스쿠타리 야전병원. 플로렌스와 간호사 서른여덟 명이 찾아간 그곳은 상상을 초월한 세계였다. 이름만 야전병원일 뿐 포화로 건물이 파괴되어 있었다. 안뜰은 잡동사니로 엉망진창이었다. 환자들의 침대는 긴 복도에 쭉 늘어서 있었다. 플로렌스가 보기에 4마일 정도는 되어 보였다. 침대에서는 심한 악취가 풍겼고, 병원은 부상당한 병사들의 고통스런 신음소리로 아수라장이나 다름없었다.

그뿐만이 아니었다. 병원 주위의 상황 또한 심각했다. 병원 옆에는 텐트와 판잣집과 술집, 그리고 사창가가 즐비했다. 병사들은 싸구려 술에 취해 여기저기 쓰러져 있었다. 식량과 생활필수품이 심각하게 부족했다. 병원 안은 온통 벼룩과 이, 쥐들이 득실거렸다. 비누와 물, 양초도 없었다. 이처럼 비위생적이고 열악한 환경은 전혀 개선되지 않은 채 시간이 지날수록 상황이 더욱 악화될 뿐이었다.

관리들은 자신이 맡은 직책 이외의 일은 귀찮아서 기피하려고만 했다. 이처럼 안일한 대처로 일관하는 군 당국과 의사단은 플로렌스 일행을 조금도 반기지 않았다. 육군체제 안에서 병사들은 인간적인 대우를 전혀 받지 못했다. 그들은 병사의 죽음 따위에는 전혀 신경 쓰지 않았다. 그 오만과 편견으로 가득 찬 차별에 플로렌스는 분노가 치밀었다.

그러나 그녀는 현명했다. 플로렌스는 섣불리 현 체제를 비난해서 적으로 돌리면 오히려 역효과를 초래할 수 있다고 판단했다. 노골적으로 이의를 제기했다가 원치 않는 결과가 나올 수도 있었다. 플로렌스는 끓어오르는 분노를 참았다. 그녀는 상황을 지켜보면서 기회가 오기만을 기다렸다.

군 당국의 감시는 무척 엄격했다. 무슨 일을 하려면 반드시 의사 두 명에게 신청서와 허가서에 사인을 받아야만 가능했다. 그들은 플로렌스에게 반감을 품고 있었다. 통찰력이 예리한 그녀는 그런 사실을 금방 알아차렸다. 상대는 자신을 책임자 자리에서 쫓아내고 싶어 했다. 그녀는 간호사들에게 그들에게 흠이 잡히지 않도록 신중하게 행동할 것을 지시했다.

해가 바뀌자 날씨가 급변했다. 추위로 인해 희생자들은 날이 갈수록 증가했다. 부상병을 태운 배가 계속해서 스쿠타리에 도착하자 의사들의 힘만으로는 역부족이었다. 할 수 없이 그들은 플로렌스에게 도움을 청했다. 폭풍우까지 몰아쳐 육군 상관은 더 이상 방관할 수도 없었다. 병원 관리체계는 붕괴되었다.

드디어 플로렌스가 나설 차례였다. 그녀는 속옷, 양말, 접시, 나이프, 포크, 스푼, 시계, 수건, 수술대, 긴 의자, 칸막이 등을 조달했다. 그녀의 열정은 예측을 불허했다. 크림전쟁의 참상이 보도되면서 여론이 들끓기 시작하자, 마침내 정부는 1855년 2월에 위생위원회를 조직하여 활동에 들어갔다. 하지만 부패된 물건과 오물과 병원균으로 가득한 병동은 도저히 손댈 엄두조차 내지 못했다.

이처럼 열악한 상황 속에서 플로렌스를 격려해준 이들은 다름 아닌 병사들이었다. 그들은 침대 위에 누운 채 고통과 불안 속에서 향수병을 견뎌내고 있었다. 플로렌스는 그들의 용기를 존경하며 자신도 함께 참아내고 있었다.

빅토리아 여왕이 시드니 하버트에게 편지를 보냈다.

‘나이팅게일 여사가 보고서를 보내올 때마다 내게도 보여주세요. 우리 병사들이 어떤지 걱정이 됩니다. 앨버트 전하도 저와 같은 마음이에요. 병사들에게 우리 두 사람의 마음을 전하고 싶어요.’

플로렌스는 즉시 여왕에게 편지를 보내 병사들의 대우와 병원제도의 개선을 호소했다. 플로렌스가 자신의 재력으로 물자를 조달해도 그 짐을 배에서 내리기 위해서는 몇 차례 관리

회의를 거쳐 여러 차례 사인을 받아야 할 정도로 그 절차가 복잡하고 오래 걸렸다. 그러다 보니 2만 7천 벌의 옷을 가득 실은 짐이 눈앞에 있는데도 부상병들은 3주간이나 헐벗은 채 추위에 떨어야만 했다. 그리고 선박 가득히 실은 양배추가 받는 이의 이름이 적혀 있지 않다는 이유로 바다에 버려졌다. 또한 급성괴혈병 환자용으로 주문한 라임 주스가 지급규칙 항목에 없는 물품이라며 지급 허가를 내주지 않았다.

플로렌스는 이 전쟁을 통해 사회체제의 고질적인 문제점을 발견했다. 문제의 뿌리는 옛 체제에 있었다. 크림전쟁에서의 적은 러시아가 아니었다. 바로 영국군 조직이야말로 최고의 적이었다.

1856년, 드디어 크림전쟁이 끝났다.

나이팅게일 현상

지친 몸으로 귀국한 플로렌스를 기다리고 있는 것은 '나이팅게일 현상'이었다. 스쿠타리에서 귀환한 병사들이 '램프를 든 숙녀The Lady with the Lamp'가 보여준 헌신과 노력에 대해 고향 사람들에게 이야기한 것이다. 그들은 자신들이 병원에 누워 생사를 알 수 없는 불안과 고통으로 힘들어할 때, 램프를 들고 지나가는 그녀의 모습을 보는 것만으로도 얼마나 많은 위안을 받았는지 만나는 사람들마다 붙잡고 수없이 이야기했다. 언론에서는 그 아름다운 이야기를 기사로 쓰기 시작했다.

이후 마담 탓소의 밀납 인형관에는 플로렌스 동상이 전시되었고, 미국의 시인 롱펠로우는 그녀를 위한 시를 썼다. '나이팅게일 기금'도 조성되었다. 하지만 이런 움직임에 대해 플로렌스는 불안한 생각이 들었다. 모처럼 이미지 개선을 도모하던 간호사의 일을 허상으로 만들어 실태를 왜곡하지는 않을까 하는 두려움이 앞섰기 때문이었다. 그녀는 묵묵하게 자신이 하고자 하는 일을 한다면 미래가 있을 것이라 믿었다. 플로렌스는 자선에는 흥미가 없었다. 인간에 대한 존경, 그것이 그녀를 따라다닌 평생의 테마였다.

1857년, 육군 보건위생위원회가 발족되었다. 위원장으로 시드니 하버트의 취임이 결정되었다. 플로렌스는 이렇게 말했다.

"저는 크림전쟁에서 지옥을 보았어요. 아마 결코 잊지 못할 것입니다."

그녀는 분노와 공포를 체험한 자료를 바탕으로 보고서를

작성하여 위원회에 제출했다. 동시에 1,000쪽에 이르는 저작에 돌입했다. 플로렌스는 모든 병사들이 좀 더 인간적인 대우를 받아야만 한다고 호소했지만 세상의 거센 비난과 방해를 받아야만 했다. 그러나 그녀는 이미 각오하고 있었다. 플로렌스는 꿈쩍도 하지 않았다.

여름이 되자 플로렌스는 과로로 인해 탈진상태에 빠졌다. 4주간이나 음식물을 입에 대지 못하고 홍차로 겨우 목숨을 연명하고 있었다. 런던에서는『데일리 뉴스』지가 그녀의 사망기사를 언제라도 실을 수 있도록 만반의 준비를 해두고 있었다. 플로렌스는 병세가 나날이 악화되었지만, 온천지에서의 요양으로 건강을 다소 되찾았다. 이후 플로렌스는 병약해진 몸으로 외출을 삼가하고 은둔생활을 시작했다.

1859년, 중앙육군병원이 생겼다.

1860년에는 런던 성 토머스 병원에 나이팅게일 간호학교가 설립되었다. 훌륭한 간호란 저절로 생겨나는 것이 아니라 연구와 교육, 훈련, 실천의 결실이라는 플로렌스의 주장이 드디어 현실로 이루어지는 순간이었다.

마흔한 살이 된 플로렌스는 다시 과로로 쓰러져 위급상태에 빠졌다. 그 이후부터 그녀는 보행이 힘들어졌다.

플로렌스는 크림전쟁 후에 과로로 인해 몇 번이나 쓰러졌다. 1861년 여름에는 시드니 하버트의 사망소식을 듣고는 큰 충격으로 한동안 일을 하지 못했다. 슬픔에 가슴 아파하면서도 그녀는 다시 일터로 돌아왔다. 그러나 또다시 호흡곤란과 탈진, 섭취불능에 빠졌다.

하버트는 생전에 그녀에게 이렇게 말했다.

"당신은 화를 잘 내는 성격에다가 지나치게 엄격해요. 참을성이 없고 일을 확대하는 편이에요. 게다가 지나치게 자신의 의견이 옳다고 주장하는 면이 있어요."

확실히 플로렌스에게는 그런 경향이 있었다. 그녀는 한번 마음을 먹으면 주위에서 아무리 설득해도 끄떡하지 않는 강한 고집이 있었다. 그녀는 3세대를 걸쳐야만 이룰 수 있는 개혁을, 그것도 자신이 원하는 방법으로 단 한 번에 완성시키려고 했다. 반대하면 오히려 더 끈질긴 불굴의 정신으로 맞서 싸웠다. 누구도 흉내낼 수 없는 일이라 할지라도 그녀는 서슴없이 무리한 도전을 했다.

파트너 하버트를 잃은 플로렌스는 자신의 일생을 걸었던 일이 좌절되었다는 패배감에 사로잡혔다. 그녀가 원했던 것은 완벽한 승리였다. 그녀는 완벽하지 않은 성공은 가치가 없다고 생각했다. 항상 사적인 감정보다 공적인 감정을 우선시하였고, 주위 사람들에게도 자신과 같은 가치관을 끝없이 요구했다.

그녀의 엄격함을 따라갈 수 있는 사람은 좀처럼 없었다. 하지만 그녀의 마음 한구석에는 어쩌면 아무도 자신을 따라올 수 없다는 생각까지 하고 있었을지도 모른다. 그렇게 해서까지 자신의 정체성을 확인하고 싶었을 것이다.

'이렇게까지 열심히 일하는데 어째서 일이 순조롭게 풀리지 않는 걸까.'

그녀는 고민을 거듭하면서도 자신의 한계를 뛰어넘기 위해 노력했다.

생이 끝날 때까지 열정을 다하다

1862년, 인도 주재 육군위생위원회가 본격적으로 활동하기 시작했다. 본국과 마찬가지로 이곳에서도 관료주의와 맞서 싸워야 했다. 그러나 그녀는 인도의 국토가 반환되는 날까지 인도의 보건과 위생을 지키는 것은 영국의 의무이자 책임이라며 한 치도 양보하지 않았다.

플로렌스는 『타임스』지에 논문을 발표하고 환자나 허약자, 장애자, 실업자, 고령자에게도 이 세상은 편안하고 좋은 곳이어야 한다며 많은 사람들에게 호소했다. 공적으로는 아무런 지위도 없었지만, 그녀는 비서에게 의지하지 않고 소파에 누운 채 여러 마리의 고양이에게 둘러싸여 일을 계속했다. 그녀는 침실을 일터 삼아 인가서나 조례를 만들어 초고를 쓰고, 메모와 편지를 쓰는 등 쉬지 않고 일했다.

1889년, 플로렌스는 시력 저하로 더 이상 신문을 읽을 수 없게 되었고, 1901년에는 시력을 완전히 잃었다. 그리고 1907년, 국왕 에드워드 7세가 여성으로는 처음으로 플로렌스에게 훈장을 수여했다. 다음 해에는 런던의 명예시민권이 주어졌다.

1910년 8월 13일, 플로렌스 나이팅게일은 깊은 잠에 빠져 두 번 다시 깨어나지 못했다. 그녀 나이 아흔이었다. 그녀는 생전에 국장이나 웨스트민스터사원에 묻히는 것을 거절했다. 그녀의 관은 여섯 명의 육군병사에 의해 가족들이 잠든 이스트웰로 묘지에 묻혔다. 그녀의 묘비에는 단 두 줄만이 새겨졌다.

‘F. N. 1820년 출생’

‘1910년 사망’

그녀가 남긴 장문의 유언장은 법률 관련 진품 수집품 중에서도 특이한 지위를 차지한다. 유언장에는 자신의 물건을 여러 사람들에게 나누어주고 인쇄물, 서적, 가구, 추억의 물건 등에 대해서는 몇 백 명이나 되는 사람들에게 유품으로 분배하라고 쓰여 있다. 또한 자신이 잠든 장소에 기념비를 세우는 대신 소박한 십자가를 세우고, 자신의 시신도 의학연구를 위해 기증한다는 구절까지 꼼꼼하게 적혀 있다.

대립을 대화로 풀어나가다

여섯 살 때부터 이미 플로렌스의 반항기는 시작되었다. 플로렌스는 자신이 속해 있는 상류사회의 삶에 좀처럼 익숙해지지 않았다. 그녀는 주위 어른들의 대화나 삶의 방식에 전혀 공감할 수 없었다.

그런 생각을 가슴에 품고 플로렌스는 가정교사에게서는 음악과 그림을, 아버지로부터는 어학과 철학, 그리고 역사 등을 배웠다. 성격이 까칠한 소녀는 호기심이 강한 아가씨로 성장했다.

열일곱 살에 가족과 함께 떠난 유럽역사 탐방 여행은 즐거운 충격이었다. 각계에서 활약하는 인사들과의 만남, 학문에 대한 흥미, 예술을 통한 감동과 자극으로 플로렌스의 가슴은 두근거렸다.

열아홉 살에 플로렌스는 마침내 런던 사교계에 데뷔했다. 그녀는 아름다운 드레스를 입고 남자들의 부드러운 시선을 받으며 음악에 맞추어 춤을 췄다. 파티는 무척 화려했다. 하지만 혼자가 되면 플로렌스는 늘 기분이 가라앉았다. 그녀는 어머니와 언니, 사촌 자매들처럼 되고 싶지는 않았다. 하지만 자신이 지금 하고 있는 일은 그녀들과 전혀 다르지 않았다. 사교계에서 상냥한 표정을 지으며 춤을 추는 자신과 그곳을 탈출하여 좀 더 가치 있는 삶을 살고 싶어 하는 욕망이 플로렌스의 마음속에서 서로 충돌했다.

그녀는 고민했다. 그리고 특유의 자기응시 능력을 발휘하여 자신의 마음속에서 일어나는 복잡한 충돌의 원인을 찾으려고 노력했다. 그녀는 이해가 되지 않으면 움직이지 않는 성격이었다.

서른한 살이 된 플로렌스는 자신을 성찰하면서 마침내 자기 내면의 모순과 대립에 결말을 지었다. 그녀는 가족이 자신을 이해하지 못해도 어쩔 수 없다고 생각했다. 플로렌스가 자신의 뜻을 행동으로 옮기기까지 많은 시간이 걸린 것은 단지 가족이 그녀를 구속했기 때문만은 아니었다. 그녀 역시 스스로를 가두고 있는 규칙에서 쉽게 벗어나지 못했던 것이다.

플로렌스는 런던에 있는 병원에서 처음으로 일하기 시작했다. 선임 간부들과 대립했지만, 그녀는 결코 두려워하지 않았다. 자신의 내면에서 일어나는 대립에도 원인이 있는 것처럼 인간 관계의 대립에는 반드시 그 원인이 존재한다. 그녀는 충돌을 각오하고 그것을 찾아내야 했다.

크림전쟁 현장에서는 육군 당국과 사사건건 대립했다. 그 중에서도 그들과의 대립을 대화로 풀기 위해 그녀가 가장 먼저 노력했던 일은 병사들의 처우개선이었다. 군 당국은 병사들의 알코올 중독과 만취상태에 의한 행동을 단순히 하층계급 출신이기 때문이라고 일방적으로 단정지었다. 그들은 병사들의 문제를 개선하려는 노력은 전혀 하지 않고 수많은 문제점을 그대로 방치했다.

플로렌스는 군 당국의 안일하고 비인간적인 처사에 분노했다. 병사들은 싼 봉급에 혹사당하는 희생자였다. 그녀는 그런 병사들을 위해 명확한 개선책을 내세웠다.

그녀는 만일 본국의 가족들에게 신속하고 확실하게 송금할 수 있는 길이 열리기만 한다면 그들의 자포자기한 생활태도는 반드시 달라질 거라고 생각했다. 그리고 학교와 강의 등이 개설되고, 책과 오락을 접할 수 있는 장소가 주어진다면 음주 습관 역시 변할 것이라고 확신했다.

플로렌스는 우선 독서실을 만들고 다음으로 커피숍을 만들었다. 그리고 병사들이 그토록 고대하던 우체국을 빅토리아 여왕에게 직접 호소하여 마침내 설치했다. 그러자 병사들의 생활태도가 완전히 변했다. 그녀는 어떤 대립도 대화로 바꿀 수 있다는 자신의 체험을 기반으로 신념을 갖고 관료주의와의 투쟁에 도전했다. 플로렌스는 자신의 저서에 이런 글을 남겼다.

'간호는 하나의 예술이다. 그리고 예술로 만들기 위해서는 화가

나 조각가와 마찬가지로 일에 전념하고, 이에 따른 엄청난 준비

가 필요하다.'

　최근 몇 개월 동안 주인공들의 자료를 계속 읽다 보니 마치 오래전부터 아는 사람들처럼 느껴져서 그녀들의 얼굴이 보이고, 목소리를 들은 것 같은 기분이다.

　이 책에 나온 주인공들은 모두 성실하고, 노력파이며 의지가 강하다. 또 자신의 의견을 말하는 데 있어 지나치게 겸손하지도 않다. 그리고 그녀들은 당당하고 적극적으로 기회를 잡는다. 그렇기에 주인공으로서의 자격이 충분하다. 나는 또한 그녀들의 분노하는 모습에 깊이 매료되었다.

　여기서 말하는 분노란 삶에 활력을 불어넣어주고 성공을 향해 한 발 가까이 다가서게 만드는 긍정적인 의미에서의 분노를 뜻한다. 코코 샤넬이나 에디트 피아프도 사랑하는 남자와의 관계가 자신의 기대와 어긋나자 운명에 분노하고, 자신에게 분노하고, 상대에게 분노하면서 생명력을 불태웠다.

　이 글을 끝내면서 깜짝 놀란 점은 19세기 후반에 태어난 플로렌스 나이팅게일이 외쳤던 '인간의 존엄'이 곧 오드리 헵번의 만년 테마였다는 점이다. 거의 100년이라는 시간 차에도 불구하고 두 사람의 주장은 같았다.

주인공의 사후의 진실은 마리 퀴리가 가장 흥미로웠다. 그녀의 손녀 에렌느가 마리의 연인이었던 폴 랑주뱅의 손자 미쉘과 결혼한 것이다. 그렇게 해서 두 집안은 가족이 되었고, 스캔들을 영원히 덮어버렸다.

또한 마리아 칼라스는 그녀의 유언에 따라 화장한 후에 유해가 에게 해에 뿌려졌지만, 끝내 그녀의 유언장은 나타나지 않았다.

10명의 분노하는 여자들은 모두 역경에 강하게 대처했다. 그녀들의 기개가 담긴 이 책은 포용력 넘치는 나카노 마사에(中野昌榮) 씨의 자상한 지도로 나올 수 있게 되었다. 감사의 말을 전한다.

야사카 유코